É possível aprender a dirigir?

É possível aprender a dirigir?

LIÇÕES DA LITERATURA E DA HISTÓRIA SOBRE O GOVERNO DAS ORGANIZAÇÕES

2019 • Reimpressão

Pedro Rosa Ferro (Coordenador)

É POSSÍVEL APRENDER A DIRIGIR?
Pedro rosa ferro (coordenador)

EDITOR
EDIÇÕES ALMEDINA, S.A.
Rua Fernandes Tomás, nºs 76, 78 e 79
3000-167 Coimbra
Tel.: 239 851 904 · Fax: 239 851 901
www.almedina.net · editora@almedina.net
DESIGN DE CAPA
FBA.
PRÉ-IMPRESSÃO
EDIÇÕES ALMEDINA, S.A.
IMPRESSÃO E ACABAMENTO
DPS - DIGITAL PRINTING SERVICES, LDA

Novembro, 2019
DEPÓSITO LEGAL
362270/13

Toda a reprodução desta obra, por fotocópia ou outro qualquer processo, sem prévia autorização escrita do Editor, é ilícita e passível de procedimento judicial contra o infractor.

Biblioteca Nacional de Portugal – Catalogação na Publicação

É POSSÍVEL APRENDER A DIRIGIR?

É possível aprender a dirigir? : lições da literatura e da história sobre o governo das organizações / coord. Pedro Rosa Ferro
ISBN 978-972-40-5233-5

I – FERRO, Pedro Rosa

CDU 32

ÍNDICE

Autores 7

Prefácio 9

Apresentação. Política de empresa e condição humana 13

I. A VOZ DOS CLÁSSICOS

As Humanidades e o governo das organizações. Shakespeare,
Henrique V e todos os outros.
Pedro Rosa Ferro 5

Homero e Ulisses. *Managing Oneself.*
Teresa Sobral Caetano 29

Xenofonte e Ciro, 'o Grande'. Liderança a mais e governo a menos?
Pedro Rosa Ferro 35

Ovídio, Pigmaleão e Narciso. Os mitos da motivação.
Pedro Rosa Ferro 41

Quintiliano e Plutarco. É possível ensinar a dirigir?
Ricardo Rovira Reich 47

II. CASOS DA HISTÓRIA

Alexandre Magno. *Areté* e pensamento lateral.
Pedro Rosa Ferro...57

Os almogávares: lições de governo corporativo.
Agustín Avilés Uruñuela..63

D. Nuno Álvares Pereira. A Liderança como forma de vida.
Ana Loya..89

D. João II de Portugal. A escolha do futuro.
Pedro Rosa Ferro...97

Hernán Cortés. A calma política perante a crise.
Agustín Avilés Uruñuela..103

Thomas More. Coragem e consciência.
Pedro Rosa Ferro...117

Filipe II de Espanha. Despachar e decidir no vértice da organização.
Luis Manuel Calleja...127

AUTORES

Agustín Avilés Uruñuela é licenciado e doutorado em Engenharia Naval e MBA. Ao longo da sua carreira, conciliou funções executivas ao nível de direcção-geral, actividade académica e consultadoria. Actualmente, é professor de Política de Empresa e de Negociação na Escuela de Guerra Naval, no Centro de Estudios Superiores de Intendencia de la Armada (Madrid), na AESE-Escola de Direcção e Negócios (Lisboa) e no IESE-Business School (Madrid).

Ana Loya é licenciada em Psicologia. Fez o Programa de Alta Direcção de Empresas (PADE) da AESE-Escola de Direção e Negócios (Lisboa). Pertence ao Conselho Jurisdicional da Ordem dos Psicólogos Portugueses e ao Conselho Consultivo do MBA do ISEG. Actualmente, é Administradora e Directora Geral das empresas Odgers Berndtson e Ray Human Capital, que fundou em 1993.

Luis Manuel Calleja é licenciado em Física e MBA. Exerceu funções de direcção-geral e consultadoria em empresas e organismos públicos de diversos países europeus. Actualmente, é professor de Política de Empresa em várias instituições, entre as quais o IESE-Business School (Madrid e Barcelona), a AESE-Escola de Direcção e Negócios (Lisboa), o Instituto San Telmo (Sevilha), o IEEM da Universidade de Montevideo e o ISE (S. Paulo).

Pedro Rosa Ferro é licenciado em Economia, pós-graduado em Economia Europeia, Executive MBA e Mestre em Ciência Política. Exerceu funções de direcção no sector financeiro. Actualmente, é professor na AESE-Escola de Direcção e Negócios (Lisboa), Director do Programa de Alta Direcção de Empresas (PADE), na mesma instituição, e docente universitário.

Teresa Sobral Caetano é licenciada em Economia. Fez o Programa de Alta Direcção de Empresas (PADE) da AESE-Escola de Direcção e Negócios (Lisboa). Actualmente é Directora da Direcção de Informação e Consumidores do ICP-ANACOM, a entidade reguladora do sector das comunicações, tendo também exercido funções de direcção na TAP-Air Portugal e na Universidade Atlântica.

Ricardo Rovira Reich é licenciado em Agronomia e Teologia, e doutorado em Ciência Política e em Filosofia. Trabalhou na sede central da FAO (ONU). É sacerdote católico. Actualmente, exerce também funções de docência universitária, é membro consultor do Instituto Empresa y Humanismo da Universidade de Navarra e é presidente da associação Civilitas Europa.

PREFÁCIO

Porque o livro é apresentado a seguir, não o faço, mas porque se refere à direcção de organizações que, inevitavelmente, tem conteúdo ético, limito-me, neste âmbito, a um enquadramento geral do seu objecto.

Os juízos morais são resultado de um movimento dialéctico da razão, que compara fins e regras gerais com meios e aplicações particulares. É necessária uma sabedoria moral pessoal para resolver com competência os conflitos (morais) provocados pelo radical pluralismo que caracteriza o *ethos* da sociedade ocidental. Já dizia Platão que uma vida que não se pergunte sobre a virtude, sobre si própria e sobre os outros, não é digna de ser vivida por um homem.

Que fins são dignos de ser prosseguidos na vida humana? Há que alcançar uma competência prática para descobrir e avaliar as alternativas das acções ajustadas à realização desses fins nas situações particulares, vigiar a conformidade das motivações e das decisões próprias com as exigências de uma vida humanamente digna.

A tensão que os conflitos morais podem provocar não se reduz à mera opinião nem são de pouca importância, antes têm um dramatismo que convoca as emoções mais fortes. A nossa felicidade, êxito e salvação dependem da boa ou má conduta de nós próprios e dos outros. Como diria Hölderlin, onde está o perigo aí cresce a possibilidade de salvação.

A prática moral põe questões de importância capital e decisiva para o sentido da vida: vale a pena viver bem? É melhor sofrer a injustiça ou cometê-la? A virtude torna-nos felizes? O bem e o mal constituem uma diferença absoluta e radical? Tem sentido perder a vida para não atraiçoar a consciência? É impossível anular o dramatismo da prática moral.

Não surpreende que esta temática permeie a literatura e apareça na poesia – épica, lírica, trágica ou sapiencial – e na prosa – narrativa e dramática. A narrabilidade e a dramaticidade pertencem à prática moral e consequentemente à expressão literária, pelos fortes contrastes que a alimentam.

A obra literária pode urgir o leitor a modificar o seu comportamento e a adoptar um novo género de vida, apresentando-lhe uma alternativa válida; pode ajudá-lo a uma interpretação do seu modo de vida e da sociedade; arrancá-lo da prática quotidiana e transportá-lo ao mundo da arte, provocando-lhe, em qualquer caso, uma iluminação e uma compreensão acerca da sua própria prática moral (o método do caso).

Quantas vezes o livro ou o espectáculo têm um efeito catártico através das emoções que provocam e ajudam a compreender coisas que nos escapam. Capta-se o bem e a sua fragilidade nas contingências da vida humana. Descobre-se o próprio carácter e o dos outros, as dificuldades de deliberar e decidir, a hesitação perante alternativas incertas, a irrevogabilidade das consequências da acção ou omissão. Podem intensificar o atractivo da vida boa, da amizade, da verdade, mas também o escândalo do mal, do erro. Em qualquer caso esclarecem e revelam o que escapa à nossa percepção moral, ofuscada pela vida quotidiana.

Independentemente de tudo, as pessoas precisam de arte, de histórias, de narrativa. É algo central no ser humano. Toda a boa literatura é uma espécie de síntese ordenada da condição humana e um meio especialmente capaz de penetrar a realidade. A ficção – romance, TV, filmes... – impregna o eu modelando-o narrativamente, fazendo-o viver através de histórias e compreendendo sentimentos que configuram o seu projecto de vida. «O homem nas suas acções e práticas, bem como nas suas ficções, é essencialmente um contador de histórias. Não o é por essência, mas transforma-se ao longo da sua vida num contador de histórias que aspira à verdade», como recorda Alasdair McIntyre.

A constituição do homem é trágica porque nele habitam forças e sentimentos contrapostos, como a liberdade e as suas condicionantes, a procura de sentido e a contingência, o interesse pela felicidade e a cegueira da dor, os bens individuais e a atenção aos outros...

As relações entre literatura e vida, o impulso de organizar o mundo em palavras, evidenciam o estranho poder da imaginação que não sendo fiável para descobrir verdades seguras, pelo menos lança luz sobre factos novos que, se nos convencerem, transformam-se em verdades. Trata-se de algo em que estamos todos interessados: compreender-nos como agentes humanos e actuar de modo humanamente excelente.

Na verdade a ética aristotélica e tomista nasceram sob o domínio da literatura: homérica e trágica ou bíblica, segundo os casos. Esta literatura narra ou representa gestos e acções de personagens que exibem ou não excelência (*areté*, *virtus*). As narrações apresentam o dramatismo das situações práticas em termos de conflito entre bens de excelência e bens de eficiência, entre nobreza de alma e êxito.

Aparece a relação da acção com o seu autor, as acções que manifestam beleza ou fealdade, nobreza ou vileza de ânimo, exibem a integridade ou a corrupção da alma, são dignas ou indignas de um autor humano. É sobre a base dos seus desejos e modos de raciocinar que o sujeito virtuoso procede para definir a própria conduta, para compor as próprias acções, com um processo que é mais afim à arte do que à lei.

É nas obras poéticas e narrativas que a experiência moral encontra a sua melhor expressão.

A nossa própria vida é uma história de que somos actores, narradores e autores. Actores porque desempenhamos um papel, autores porque pais da nossa conduta.

Raul Diniz
Presidente da Direcção da AESE-Escola de Direcção e Negócios
Professor de Comportamento Humano e Ética

Apresentação
Política de empresa e condição humana

"Jaz inquieta a cabeça que usa uma coroa."[1]
Shakespeare (Henry IV, Part II)

"Deus fez os anjos pelo seu esplendor, como fez os animais pela inocência e as plantas pela simplicidade. Mas ao homem fê-lo para O servir com engenho no emaranhado da sua mente."[2]
Robert Bolt (*A Man for All Seasons*)

Este livro versa sobre aspectos essenciais do governo das organizações, inspirado em 'casos' da literatura e da história do Ocidente. Reúne ensaios de vários autores – diversos quanto ao estilo, extensão, circunstâncias e finalidade com que foram redigidos, e nem sempre concordantes – tendo como denominador comum uma determinada concepção – que poderemos designar 'política' – da actividade directiva. Essa concepção considera que a empresa é – entre outras coisas, mas principalmente – uma instituição social, uma comunidade de pessoas livres com um propósito comum. Essa concepção sublinha também a dimensão prudencial do governo, em

---

[1] *"Uneasy lies the head that wears a crown."*
[2] *"God made the angels to show Him splendor, as He made animals for innocence and plants for their simplicity. But Man He made to serve Him wittily, in the tangle of his mind."*

contraste com a hipertrofia da dimensão técnica que domina a bibliografia do *management*. Por um lado, por questões de âmbito: a política de empresa não abrange só aquilo que vulgarmente se considera ser a gestão ou administração de um empreendimento – mobilização e coordenação de recursos escassos (capitais, pessoas, ideias e conhecimentos) com vista à obtenção de efeitos internos e externos à organização. Lida também com ingredientes políticos: poder, representação, responsabilidade e legitimidade; titularidades, direitos, interesses e valores; convivência e coesão, continuidade e paz... Por outro lado, por questões de abordagem e método. O governo das organizações – como articulação congruente de objectivos, critérios, políticas, operações e resultados – é uma actividade de inteligência e virtude eminentemente práticas.

A relevância, utilidade e luz da perspectiva adoptada neste livro são explanadas no primeiro ensaio. No entanto, poderemos adiantar que – subjacente aos argumentos aí advogados – há uma dupla ideia de fundo. Em primeiro lugar, uma ideia de algum modo idealista: a educação, formação ou desenvolvimento pessoal não dispensam a experiência, o contacto com a grandeza. E ao mesmo tempo, como reverso, uma ideia realista sobre a natureza do homem, que concita uma certa humildade pessoal e a disponibilidade para aceitar a imperfeição humana. Nestes termos, os 'casos' intemporais das pessoas nobres e prudentes servem simultaneamente como janela e como espelho (ainda que um espelho especial, radiográfico, desmascarador, revelador). Abrem horizontes e exploram o vasto e contraditório mundo da condição humana. E, ao mesmo tempo, convidam a olhar para dentro de si. Com efeito, os dirigentes devem aprender mais sobre eles mesmos. Antes de dirigir outras pessoas, cada um deveria reflectir como é capaz de dirigir-se a si próprio[3]. Isto requer tempo, não é algo natural em pessoas de acção e não é necessariamente agradável, mas é preciso. E, em qualquer caso, "uma vida não examinada não é digna de ser vivida", como dizia Sócrates (ou Platão) e como recorda o Prof. Raul Diniz do Prefácio deste livro. Surpreendentemente, a mitologia, as epopeias clássicas, as gestas históricas e os romances psicológicos podem ajudar: alertam-nos de modo vívido para a importância e consequências do

---

[3] Joseph L. Badaracco, *Questions of Character: Illuminating the Heart of Leadership through Literature*, pp. 3-5 e 100.

carácter de um chefe e podem suscitar o aperfeiçoamento. A virtude (ou a falta dela) é mais atractiva (ou repulsiva), eloquente e convincente quando é contada, mostrada e encarnada, do que quando se procura demonstrar e transmitir de modo abstracto e conceptual.

Por último, gostaria de advertir que os 'grandes livros' ou as 'grandes personagens' históricas presentes neste livro não constituem, obviamente, uma selecção ou um cânon, em qualquer sentido – como decorre da exiguidade da amostra. São simplesmente 'casos' significativos, entre muito outros que existem. Do mesmo modo, não procedemos a análises sistemáticas, exegéticas ou historiográficas sobre cada uma das fontes. Por vezes, partimos apenas de fragmentos dessas obras ou dessas vidas, como de um mote ou de um lamiré. Daí surgem exemplos, sugestões ou iluminações capazes de inspirar o governo das organizações e novas aventuras empresariais. Por fim, esses fragmentos podem servir como aperitivo para despertar a fruição desinteressada das 'palavras aladas' dos Clássicos, e dos golpes de asa dos protagonistas da(s) história(s).

Pedro Rosa Ferro

I. A VOZ DOS CLÁSSICOS

As Humanidades e o governo das organizações
Shakespeare, Henrique V e todos os outros
Pedro Rosa Ferro

> *"Temos que suportar tudo. Ó dura condição,*
> *Nascida gémea com a grandeza, sujeita ao respirar*
> *De cada tolo, cujo senso não pode sentir mais*
> *Que o seu próprio estrebuchar! A que paz infinita*
> *Têm os reis que renunciar, que os homens vulgares usufruem!"[1]*
>
> Shakespeare (Henry V, Act. 4)

Na peça sobre Henrique V de Inglaterra, Shakespeare mostra o jovem Rei – na véspera da batalha de Azincourt – passeando pelo campo inglês embuçado e incógnito, lutando contra os seus fantasmas, confortando os seus soldados e procurando descobrir o que realmente pensam dele. Nessa noite, a vitória parece improvável: as suas forças eram em número muito inferior às dos seus contrincantes franceses. Na aurora do dia seguinte – dia de S. Crispim e S. Crispiniano – Henrique pronuncia um formidável e

---

[1] *"We must bear all. O hard condition,*
Twin-born with greatness, subject to the breath
Of every fool, whose sense no more can feel
But his own wringing! What infinite heart's-ease
Must kings neglect, that private men enjoy!"

empolgante discurso às tropas. Mesmo fora dos palcos, essa cena foi muitas vezes representada na imaginação, na pintura ou no cinema – madrugada fria envolta na névoa do alvorecer, rostos tensos estampados de medo e ânsia, cavalos nervosos, a voz do rei[2]:

> "... e os fidalgos em Inglaterra que estão agora na cama
> Sentir-se-ão amaldiçoados por não terem estado aqui,
> E envergonhados na sua virilidade quando um qualquer disser
> Que combateu connosco no dia de São Crispim."

A seguir, galvanizadas, as hostes inglesas infligem uma derrota histórica ao seu antagonista.

Será possível retirar de Shakespeare exemplos – como o de Henrique – de *walking around*, de política de empresa e de 'motivação transcendente'? Em termos gerais, o que é que a literatura, a filosofia ou a história – reinos da fantasia, da abstracção ou do passado – podem ensinar a pessoas práticas empenhadas em resolver problemas cruamente reais, presentes e futuros? Por outras palavras, o que é que os dirigentes empresariais podem aprender dos Clássicos, antigos e modernos?

Suponho ter sido Mark Twain – um especialista em aforismos célebres – quem afirmou que "os Clássicos são os livros que gostaríamos de ter lido"... Num registo diferente, Italo Calvino refere-se àqueles livros "que sempre fingimos ter lido e que seria bom decidirmo-nos a ler de verdade"[3]. Por seu turno, Peter Drucker pensava que o *management* seria a área na qual as humanidades "ganhariam de novo reconhecimento, impacto e relevância"[4]. Drucker parece partilhar a opinião de que muitas ideias de Aristóteles, Thomas More ou Jane Austen podem ser mais relevantes para os problemas práticos do governo das organizações do que alguma da contemporânea literatura de gestão[5] (que, aliás, como se sabe, é uma espécie de

---

[2] "...And gentlemen in England now-a-bed Shall think themselves accurs'd they were not here, And hold their manhoods cheap whiles any speaks That fought with us upon Saint Crispin's day."

[3] Ver Italo Calvino, *Se Numa Noite de Inverno um Viajante*, Editorial Teorema, Lisboa, 2009, Introdução.

[4] Peter Drucker, "Management as Social Function and Liberal Art", em *The Essential Drucker* (Classic Drucker Collection), Elsevier, Oxford, 2007.

[5] Ver Josep R. Martí e Manuel V. Barquero, *Towards a humanistic model of understanding and teaching management*, na Conferência sobre "The Role of Humanities in the Formation of the

género literário). Com efeito, quando se trata de enfrentar questões difíceis, o que escasseia não é tanto a competência técnica, mas o concurso de pessoas criativas e inspiradoras. De resto, segundo ele próprio afirmava, Drucker nunca lia livros de gestão – dizia que estragavam o estilo; lia e relia, isso sim, Dickens, Eliot (suponho que George), Balzac e os grandes novelistas russos[6].

O governo como *liberal art*

Nós não podemos deixar de ler alguns livros de gestão. De qualquer modo, o argumento favorável à importância da formação humanista no aperfeiçoamento dos dirigentes empresariais parte da insuficiência da chamada 'gestão científica'. Como sabemos, o governo das organizações não é um método asséptico de solução de problemas tecnológicos e económicos. Abrange (e está embebido em) dimensões históricas, culturais, relacionais e, sobretudo, éticas e políticas. Recorde-se que Drucker considerava a profissão do gestor como uma 'arte liberal', mais do que como ciência: 'arte', porque a direcção de empresas é prática, aplicação e resultados; 'liberal' porque lida com a natureza humana, com o desenvolvimento e valores das pessoas, com o bem e o mal, e com os fundamentos do conhecimento – próprio e alheio[7]. Dito de outro modo, o governo das organizações não pertence fundamentalmente ao âmbito da razão teórica – exigindo apenas sabedoria e ciência bastante – nem ao da 'arte' técnica – requerendo apenas perícia suficiente –, mas sim ao da razão prática. Deliberação prática é a capacidade humana para resolver, através da reflexão, o que se tem entre mãos, escolhendo o melhor. Compreende a 'intenção' dos fins e a eleição dos meios. É prática porque versa sobre o que fazer e, também, porque conduz à decisão e à acção. Ora a razão prática reclama, sobretudo, não a sapiência teórica nem a perícia técnica, mas a prudência.

É por este motivo também que o governo – exercício da razão prática – não pode ser ensinado, de um modo formal, na sala de aula. Também pela complexidade das situações concretas, cujas inúmeras variáveis e correla-

New European Elites", Veneza, Setembro 2003.

[6] Peter Drucker, carta a Carolina Biquard, 1997-05-22, http://ccdl.libraries.claremont.edu/cdm4/item_viewer.php?CISOROOT=/dac&CISOPTR=2735&CISOBOX=1&REC=3

[7] Peter Drucker, *The New Realities*, Transaction Publishers, New Brunswick, New Jersey, 2003, pp. 213 e seguintes.

ções não podem ser modelizáveis. Os dirigentes eficazes desenvolvem as suas capacidades de comando – e só podem desenvolvê-las – no próprio processo de realização dessas funções: sob o peso real – e com asas – do poder e do risco, pela observação em primeira mão do contexto em que actuam e pela avaliação dos efeitos das suas acções[8]. Nestes termos, a liderança (por exemplo) coloca um dilema para uma Escola de Negócios. Toda a gente fala da importância da liderança. Mas essa importância não garante que as escolas de gestão tenham algo proveitoso a dizer sobre ela. A liderança tem uma dimensão prudencial, sendo que a prudência se adquire com a experiência sofrida de decisões tomadas ante situações delicadas e graves, e com a reflexão sobre essas experiências.

A História importa?

Mas nesse caso, se o miolo do governo das organizações – a sua dimensão prudencial – não pode ser ensinado (pelo menos ao nível da Alta Direcção), o que fazem as Escolas de Negócios? A verdade é que, embora não possa ser ensinado, pode ser aprendido[9]. As melhores Escolas procuram ajudar os dirigentes a capitalizar a sua própria experiência, aprendendo a partir das próprias vivências, e também das alheias, multiplicando virtualmente essas 'experiências'. É esse, aliás, o sentido do 'método do caso'. E aqui enlaçamos com o tema central destas considerações. A verdade é que a formação em gestão através de casos reais, recolhidos da história e dos Clássicos, tem uma genealogia ilustre. Afinal, Maquiavel usou histórias de imperadores romanos e reis antigos para iniciar na estratégia o seu príncipe florentino. E agora é prática corrente em muitas escolas de negócios utilizar o "Príncipe" ou a "Arte da Guerra", do chinês Sun Tzu, como paradigmas de bom governo. Nesses 'casos' históricos, podemos aprender o segredo do comando dos grandes generais: como exigem, compensam e punem, como partilham e inspiram. Podemos aprender daqueles reis: como escolhiam os seus colaboradores, como escutavam e delegavam, como tomavam decisões. E podemos aprender dos filósofos e conselheiros dos

---

[8] Ver J. Sterling Livingston, "Myth of the Well-Educated Manager", *Harvard Business Review*, Jan. 1971.
[9] Este assunto será tratado de modo particular mais à frente, neste livro, no Capítulo "Quintiliano e Plutarco. É possível ensinar a dirigir?" de Ricardo Rovira Reich.

príncipes que o que distingue um tirano de um bom chefe não é a eficácia imediata mas a justiça.

De resto, convêm ter presente que saber História 'importa'[10]. Ajuda a contextualizar os problemas e decisões no tempo e no espaço e a ponderar as circunstâncias; desperta para a importância dos efeitos de longo prazo e para a influência das ideias; recorda que "a história repete-se", não exacta e mecanicamente, mas provável e analogamente. A História permite avaliar o 'peso' do passado de uma organização: "o futuro pode-se sempre mudar, mas a História não. Pode-se avançar contra a História. Por vezes é mesmo necessário; mas, como é lógico, é sempre mais difícil"[11]. E ensina também que, em qualquer caso, a liberdade individual introduz possibilidades imprevisíveis, que nada está terminantemente fixado, que o futuro é aberto e contingente, embora condicionado, e que é possível mudar, se se for capaz de o fazer a tempo.

A realidade da ficção e a contemporaneidade dos Antigos

Mais recentemente, tende-se a explorar o filão pedagógico da literatura ficcional. Aqui – mais do que em narrativas históricas, talvez – é possível perscrutar o envolvimento emocional dos que comandam, os jogos interpessoais, as considerações ideológicas, religiosas ou morais. Através do teatro ou do romance psicológico, podem sondar-se as forças e dinamismos interiores – razões, interesses, paixões – subterrâneos aos diversos cursos de acção: estratégias e planos, conflitos e alianças, reuniões e negociações, conspirações e intrigas...

E não será surpresa que a maior inspiração para esta nova avenida de reflexão sobre a direcção de empresas seja William Shakespeare. Shakespeare toca em praticamente todos os aspectos da conduta humana e pode justamente ser invocado na abordagem do comportamento organizacional moderno. A tentativa desastrosa do Rei Lear de passar a sua coroa para as três filhas, dividindo seu reino, oferece-nos uma análise perspicaz das complicações associadas à sucessão, partilha e transição de poder, particularmente em empresas familiares de segunda geração. (Recorde-se

[10] Cf. Agustín González Enciso, "La Historia en la formación del directivo empresarial", *Revista Empresa y Humanismo*, I, 2/99, p. 273.

[11] Cf. Agustín González Enciso, *idem*, p.265.

que às três filhas é preciso acrescentar três genros ou pretendentes...). A tragédia de Macbeth ilustra os efeitos da ambição e da audácia, do medo, intemperança e perdição de um chefe[12]. Finalmente, poderíamos encontrar um exemplo mais fino de liderança inspiradora e 'transformacional' do que em Henry V, como referido na abertura deste artigo?[13]

Os Clássicos, antigos e modernos – de Homero a Tolkien, passando pelos filósofos, dramaturgos e historiadores da Grécia antiga, por Virgílio e Ovídio, por Agostinho e Dante, por Camões, Shakespeare e Cervantes, por Milton, Pascal, Racine, Goethe ou *Dostoievski...* (para não referir a Bíblia...) – continuam a falar ao homem de hoje. Ajudam a distinguir e valorizar razões e emoções. Fornecem pistas para compreender o que é permanente na natureza humana, mas também a complexidade, ambiguidade, diversidade e fragilidade da nossa condição. Falam de heroísmo e cobardia, cobiça e generosidade; falam de ambição e responsabilidade, de poder e dever, de glória e derrota, honra e vergonha; falam de tentações, crime e remorso, de castigo e ciúme; falam de sociedade e natureza, do trabalho e da guerra, do sentido de missão e do regresso a casa, da família e da paz. E isto não é 'teoria' ou 'poesia'; é o mundo real – embora submerso – e desencantado das organizações, tal como ele é: lugar da palpitação da vida interior dos que nelas trabalham, e palco do confronto ou alinhamento de projectos pessoais. É sobre esse vivo pano de fundo que se plasma a agenda intemporal de um dirigente: conceber e apontar objectivos, propósitos ou sonhos; e colaborar com outros para converter em realidade esses ideais[14].

Cargos ou cargas?

Não é nada fácil cumprir essa agenda. Como diz Henrique V, no seu genuíno desabafo:

> "Tudo depende do rei! As vidas, as almas, as esposas, os filhos e os pecados! Temos de carregar com tudo! (...) E que

---

[12] Ver Miguel Morgado e Hugo Chelo, *Histórias e Fragmentos da Arte Empresarial*, Almedina, 2006, pp. 114 e seguintes.

[13] Sobre Henrique V, ver Jorge Vasconcellos e Sá, *Shakespeare, Henry V and the lessons for Management*, Vida Económica, 2011.

[14] Cf. Joseph L. Badaracco, *Questions of Character: Illuminating the Heart of Leadership through Literature*, Harvard Business Review Press, Boston, 2006, p. 6.

és tu, tu, aparato feito ídolo? (...) És tu algo mais do que um posto, do que um título, do que uma forma, que te valem o respeito e temor dos outros homens? (...) O escravo que pertence a um país pacífico goza da sua paz; o seu grosseiro cérebro, porém, não calcula quantas vigílias o rei teve de passar para conservar essa paz..."[15]

Descontando o acento dramático, é claro que sobre os ombros do governante recai o peso por vezes esmagador da responsabilidade. Num certo sentido, o poder é – e deve ser – uma severa canga, mais do que fonte de privilégios: é um 'serviço', uma carga. As funções de direcção são 'graves', pesadas. Por outro lado, como também sugere Henrique V, se é verdade que o dirigente empresarial deve levar muito a sério as suas funções, também é sensato que não se leve a si próprio demasiado a sério. O dirigente é uma pessoa normal. Simplesmente, ocupa um posto cimeiro, exerce um alto cargo, provavelmente merecido, que não justifica, contudo, ridículas presunções de superioridade, vaidade ou enfatuação, e menos ainda desprezo pelos subordinados[16]. Daí, a conveniência de um saudável desprendimento do "aparato" do poder, dos sinais exteriores de estatuto, que no entanto são necessários – atendendo à natureza do homem e do poder social, que exige uma certa correspondência entre *onus et honor*. Entretanto, a liderança – tal como o poder – não é um fim em si mesma, é um meio. Mais do que distintivo de excelência pessoal do líder, a liderança existe para servir um projecto nobre e maior do que o líder. Legitima-se pelo sentido e valores que ele imprime no rumo dos acontecimentos e nas acções dos que o seguem.

---

[15] *"Upon the king! Let us our lives, our souls, our debts, our careful wives, our children, and our sins lay on the king! We must bear all! (...) And what art thou, thou idol ceremony? (...) Art thou aught else but place, degree and form, Creating awe and fear in other men? (...) The slave, a member of the country's peace, Enjoys it; but in gross brain little wots What watch the king keeps to maintain the peace..."*

[16] Claudio Magris escreve sobre a auto-suficiência do chefe que vocifera «o senhor não sabe com quem está a falar!»... "Quem fala da estupidez geral deve saber que não lhe é imune, pois que até Homero de vez em quando dormita; deve assumi-la como risco comum dos homens, consciente de ser por vezes mais inteligente e por vezes mais tolo do que o vizinho do prédio ou do eléctrico, porque o vento sopra onde quer e ninguém pode nunca ter a certeza de que, neste mesmo instante ou um segundo mais tarde, o vento do espírito não o abandone". Cf. Claudio Magris, *Danúbio*, Quetzal, 2010, p. 202.

O elogio do 'inútil' e a beleza da acção

Terminaria esta introdução com três notas finais. Em primeiro lugar, a importância das humanidades não reside na sua utilidade instrumental e prática. É verdade que elas podem servir para melhor apetrechar um dirigente empresarial. Podem também servir para melhor habilitar os cidadãos na sua actuação pública e cívica: dotando-os de espírito crítico, memória, empatia face aos outros e capacidade para lidar com problemas complexos. Mas, sobretudo, as humanidades têm um valor humano intrínseco. A este propósito, Italo Calvino recolhe uma citação do pensador romeno Emil Cioran: "Enquanto lhe preparavam a cicuta, Sócrates aprendia uma ária para flauta. «De que te vai servir?» perguntaram-lhe: «Para a conhecer antes de morrer»..."[17]. Os clássicos 'elevam o olhar', remetem para os limites da nossa humanidade, para a sua grandeza e abismo. São valiosos, para que cada um se compreenda melhor a si próprio, aos outros e ao mundo. Ajudam a aceder ao sabor e sentido da vida e a indagar as questões primeiras, de que dependem todas as outras. Desafiam a nossa consciência. Estimulam os nossos recursos intelectuais, afectivos e estéticos[18]. 'Ressoam' em nós com acuidade intemporal. Os Clássicos conseguiram expressar, de forma penetrante, valores constantes na apreciação humana: amor e amizade, liberdade e virtude, perdão e piedade, a esperança, a serenidade perante o fim, a busca de Deus[19]. A educação liberal é um antídoto contra a cultura de massas, os seus efeitos corrosivos e a sua tendência para produzir "especialistas sem espírito e voluptuosos sem coração", como dizia Max Weber[20]. "A educação liberal, essa escuta da conversação entre as grandes mentes (...), é um treino na mais elevada forma de modéstia, para não dizer humildade. É ao mesmo tempo um treino de ousadia": exige uma ruptura completa quer com "o barulho, agitação, irreflexão e vulgaridade

---

[17] Cf. Italo Calvino, *Porquê Ler os Clássicos?* Editorial Teorema, Lisboa, 1993, Cap. I.

[18] Cf. George Steiner, *Errata: Revisões de uma Vida*, Relógios d' Água, 2001, Cap. 2.

[19] Cf. Anthony O'Hear, *Os Grandes Livros*, Alêtheia Editores, Lisboa, 2009, Introdução; e Carlos Cachán, "Ante los conflictos del mundo de hoy. La necesidad radical de la formación humanística", Aceprensa, 24 Nov 1993.

[20] Cf. Leo Strauss, "What is Liberal Education?", *An Introduction to Political Philosophy – Ten Essays by Leo Strauss*, Detroit, Wayne State University Press, 1989, pp. 314-315.

da Feira das Vaidades dos intelectuais..."[21], quer com a miopia e estreiteza caricaturais do *organizational man*.

Em segundo lugar, a formação dos dirigentes empresariais não pode ser obviamente confinada ao curriculum tradicional das 'artes liberais' da Grande Tradição ocidental. Peter Drucker dizia que a pessoa bem-educada, a par de deter um certo cosmopolitismo, devia estar preparada para se movimentar entre duas culturas: a do 'intelectual' – que maneja palavras e ideias; e a do 'gestor', que lida com pessoas e sistemas[22]. Isto resulta do facto de vivermos hoje num mundo global e numa 'sociedade do conhecimento' que é, ao mesmo tempo, uma sociedade de organizações. É necessário articular diversos conhecimentos, cultivar várias inteligências, entender minimamente as linguagens de diversas disciplinas: as humanidades e as ciências sociais, a formação técnica e as ciências 'duras'. Como diz Robert Schiller (com algum exagero), os dirigentes empresariais deveriam assemelhar-se de algum modo a 'pessoas da Renascença': suficientemente cultas para ser capazes de inserir os eventos no seu contexto histórico e de ver para além dos modelos. Todavia, mesmo se não devemos confiar excessivamente neles, os modelos são importantes. E a análise quantitativa não é dispensável no governo das organizações[23].

Por fim, sem prejuízo do que atrás foi dito sobre o valor das Humanidades na formação dos dirigentes, gostaria de sublinhar novamente que não estou a sugerir que as pessoas de empresa se convertam em eruditos ou peritos; nem sequer que se tornem professores segundo o 'método do caso'. Pelo contrário, a sua missão é outra: ser mesmo mulheres e homens de negócios, pessoas realizadoras, protagonistas de novos 'casos' reais. A vida empresarial é verdadeiramente um "mundo de esforço e entusiasmo silenciosos, de criação de riqueza, postos de trabalho e perspectivas profissionais, de inovação e investimento e, sobretudo, de acção", feita de inteligência prática e tenacidade[24]. É por isso que a gestão de organizações, quando bem desempenhada, é uma das mais nobres actividades humanas.

---

[21] Leo Strauss *op. cit.*, p. 319.

[22] Peter Drucker, "The Educated Person", *The Essential Drucker* (Classic Drucker Collection), Elsevier, Oxford, 2007.

[23] Robert Schiller, "Surveying the economic horizon: A conversation with Robert Shiller", *McKinsey Quarterly, The Online Journal of McKinsey & Company*, April 2009.

[24] José Luis Lucas, *El Perfeccionamiento de la Alta Dirección*, Fundación San Telmo, Sevilha, 2006, Presentación.

Homero e Ulisses. *Managing Oneself*
Teresa Sobral Caetano

> *"Desconhecer-se é errar, e o oráculo que disse "Conhece-te" propôs uma tarefa maior que as de Hércules e um enigma mais negro do que a Esfinge. Desconhecer-se conscientemente, eis o caminho."*

Bernardo Soares (*Livro do Desassossego*)

O "homem astuto" fez-se ao mar de regresso a Ítaca, com uma frota de 12 navios carregados de tesouros e cerca de 700 homens. Chegou ao destino quando já o davam por perdido, sozinho, incógnito, sem nada do que trazia de Tróia. A viagem durou dez anos.

O fio condutor da Odisseia é uma Viagem que vai para além da dimensão geográfica e do tempo: é a transição de um líder entre identidades. É sob esta perspetiva que propomos olhar para a ação, determinação e empenho de Ulisses e ver como se aceitou e reinventou, como rejeitou a imortalidade e preferiu a imperfeição humana, como recriou o seu próprio futuro.

Durante os dez anos de cerco e guerra, Ulisses e os seus viveram unidos, coesos como grupo em torno de um projeto que finalizaram com grande sucesso, fama e ganhos materiais. Agora, estão de regresso a uma pátria da qual estiveram ausentes, física e emocionalmente, durante tão longo tempo que se tornou nebulosa, desconhecida. Não sabem se terão lugar nesse futuro, e qual, mas, para eles, "nada é mais doce do que a pátria" [ix.34][1]. Começam por navegar até Ísmaro, terra dos Cícones, uma localidade na costa a norte de Tróia. São os vencedores da guerra, cheios de confiança, imprudentes, insensatos: saqueiam a cidade, chacinam os homens, levam "as mulheres e muitas riquezas" que dividem por todos. No entanto, algo mudou: Ulisses dá ordens no sentido de fugirem "com passo veloz" e os homens "não quiseram obedecer". Ficam a beber muito vinho, num festim na praia, "sacrificando muito gado". Os Cícones chamam aliados e reagrupam-se. Os gregos só conseguem zarpar depois de largo combate, deixando para trás baixas pesadas ("de cada nau pereceram seis camaradas"). Quando conta a sua história aos Feaces, Ulisses recorda-se deste momento: "Foi então que o destino malévolo de Zeus se postou ao nosso lado (homens terrivelmente condenados!), para padecermos muitas dores" [ix.52-54]. As identidades que construíram, de invasores temerários, agressores, saqueadores de riquezas, têm que ser descartadas.

Emocionalmente é difícil, abandonar uma identidade em que se investiu tempo, aprendizagem, esforço. A dificuldade aumenta se tiver havido sucesso e se a identidade alternativa não estiver clara. O processo de reinvenção raramente é fácil, ou rápido. A transição é um período agonizante[2]. É o que sentem os Aqueus, no mar, seguindo viagem sob uma "tempestade sobrenatural", à deriva, arrastados "por ventos terríveis sobre o mar piscoso" [ix.67-83].

Uma Odisseia interior

A travessia deste Espaço tem uma parte que é interior a cada viajante. Homero sabe-o e, quando chega o momento, dá a palavra a Ulisses para que,

---

[1] Homero, *Odisseia*, tradução de Frederico Lourenço, Livros Cotovia, 2003.
[2] William Bridges designa por "Zona Neutra" este espaço entre um Fim e um novo Início, um espaço psicológico em que não se está 'nem cá nem lá', no qual as identidades estão fluidas e as pessoas sentem que perderam o chão debaixo dos pés. Cf. William Bridges, *Transitions: Making Sense of Life's Changes*, Cambridge, MA, Perseus, 1980.

HOMERO E ULISSES. *MANAGING ONESELF*

na primeira pessoa, fale sobre os desafios que enfrentou. É um relato fantástico, que inclui encontros com Lotófagos, Ciclopes, o guardião dos ventos, gigantes Lestrígones, a feiticeira Circe, os seres da mansão de Hades, as Sereias, os rochedos Cila e Caríbdis, o deus Sol na ilha de Trinácia e a tentação de ficar para sempre em Ogígia, com Calipso, a deusa que o amou e alimentou e lhe prometeu "que o faria imortal e que ele viveria todos os dias isento de velhice" [vii.135-136]. É a vivência de Ulisses, o que viu, ouviu e sentiu na sua procura e, por isso, é a sua verdade. Ao ouvi-lo, os Feaces dizem-lhe: "não julgamos (...) que sejas mentiroso ou tecelão de falsidades (...) inventando mentiras de coisas que ninguém viu" [xi.363-366]. Nesta travessia, o homem *polytropos* e *poikilomètes*, o homem ardiloso, de muitos recursos, conhecido pelos seus estratagemas, pela sua valentia e resiliência, pelo seu discurso fluido e persuasor, aprendeu sobre as suas debilidades. Tem excesso de confiança nas suas capacidades. Falta-lhe humildade, paciência, tato, autocontrolo, sensibilidade ao outro, disponibilidade para ouvir e aceitar conselhos. Tem que ultrapassar uma certa ambivalência e desconfiança que gerou em torno da sua pessoa e que mina a sua liderança[3].

Cada leitor da Odisseia, numa exploração necessariamente pessoal, identificará e interpretará o que significam para si próprio os mitos que a Musa[4] inspirou ao poeta, e em que contexto situá-los. Vale a pena: são muito antigos, muito belos, muito ricos, sempre novos. Encontrará ainda na narrativa de Homero algumas estratégias de ação para as suas próprias travessias.

Estratégias para uma travessia

Vemos que Ulisses avalia em movimento os prós e os contras, toma decisões mesmo que os dados sejam insuficientes, arrisca, experimenta, volta atrás, vai aprendendo com os erros e afinando as reações e comportamen-

---

[3] Veja-se o episódio em que a tripulação abre o saco dos ventos oferecido por Éolo [x.34-47], ou a desconfiança de Euríloco em Eeia [x.429-437].

[4] Segundo Jorge Luis Borges "(...) *in our less beautiful mythology, we speak of the "subliminal self," of the "subconscious." Of course, these words are rather uncouth when we compare them to the muses or to the Holy Ghost. Still, we have to put up with the mythology of our time. For the words mean essentially the same thing.*", em *This Craft of Verse: The Charles Eliot Norton Lectures*, Jorge Luis Borges, Harvard, fall of 1967 and spring of 1968, Lecture 2: The Riddle of Poetry, Web Audio em http://ubu.com/sound/borges.html.

tos. Detém-se para recuperar forças e avança assim que surge a oportunidade. Uma transição entre identidades não é um exercício de abstração ou introspeção; como a travessia de Ulisses, é um processo confuso de tentativa e erro, de *learning by doing*. Quando entramos num processo transformacional, é inibidor partir do princípio que pré-existe uma identidade futura que é a 'resposta certa' para a transição, e que é possível encontrá-la por mera introspeção (embora ela seja necessária). É a experiência do aqui e agora (e não dum passado distante) que faz evoluir as nossas ideias acerca do que é plausível - e desejável[5]. Nestas circunstâncias, o "Conhece-te a ti mesmo" é mais a recompensa que recebemos no final do processo do que o farol que nos aponta o caminho a seguir [6]. O caminho é "desconhecer-se conscientemente".

Por outro lado, tal como a procura prévia de uma 'resposta certa', a ideia de um grande salto em frente é paralisadora. Uma aproximação por pequenos ganhos permite visualizar a transição de forma compartimentada e pensar por etapas, mitigando a insegurança e a frustração associada à ideia de navegar sem referências conhecidas, com poucos ou nenhuns dados sobre os desafios que se tem por diante. Os passos pequenos permitem ir ancorando as posições sucessivas, em aliados novos e em nova informação[7]. A estratégia a adotar é ir construindo o caminho com perseverança e paciência, ligando umas coisas às outras, numa espiral que se move dos aspetos mais imediatos (superficiais) para as grandes questões. À medida que vamos avançando, as possibilidades futuras tornam-se mais nítidas.

Outro aspeto a observar diz respeito às ajudas e conselhos que Ulisses recebe. São momentos que desbloqueiam impasses, janelas que se abrem. Calipso ajuda-o a construir a jangada com que parte de Ogígia [v]; Éolo, o guardião dos ventos aprisiona num saco "os caminhos dos ventos turbulentos (...) para que não escapasse nenhum sopro, nem o mais leve" [x.24] e faz levantar um vento favorável para os manter no rumo; em Eeia "um jovem com a primeira barba a despontar" oferece-lhe um antídoto contra as poções de Circe, avisa-o dos perigos dos seus feitiços e ensina-lhe

---

[5] *"As a general rule, adults are much more likely to act their way into a new way of thinking than to think their way into a new way of acting"*. Cf. Richard Pascale, Mark Millemann, and Linda Gioja, *Surfing the edge of chaos: The Laws of Nature and the New Laws of Business*, Crown Business, 2001.

[6] Cf. Herminia Ibarra, *Working Identity: Unconventional Strategies for Reinventing Your Career*, Harvard Business School Press, 2003.

[7] Herminia Ibarra, *op. cit.*

HOMERO E ULISSES. *MANAGING ONESELF*

como evitá-los [x]; Circe, por sua vez, dá-lhe informação sobre como "descer à morada de Hades" [x.491], diz-lhe como proceder com as Sereias e com os monstros Cila e Caríbdis e adverte-o sobre as consequências de, em Trinácia, fazerem mal ao gado do Sol [xii]; em Esquéria, "uma virgem que segurava um cântaro" indica-lhe o caminho para o palácio do rei e diz-lhe como comportar-se [vii]; quando acorda em Ítaca, sem saber onde está, é a "um jovem, pastor de ovelhas" que pergunta que terra é aquela e, a seguir, uma "mulher alta e bela" ajuda-o a tecer o plano astucioso que levará o desenlace final [xiii]. Estas ajudas vêm de quem não se espera, ou de desconhecidos, que são deuses disfarçados. Os companheiros de viagem, ligados à identidade de guerreiros de Tróia, repetem comportamentos antigos: continuam destemperados, insensatos, gananciosos. Em Trinácia, passados três anos da partida, repetem o episódio de Ísmaro: desobedecem às indicações de Ulisses, roubam o melhor gado do deus Sol e banqueteiam-se durante seis dias; e por isso "um deus lhes retirou o regresso a casa" [xii.419].

'Tis not too late to seek a newer world...

Na transição, o entorno é essencial para observar e modelar comportamentos, obter conselhos, informação, referências, *feedback*. Precisamos do confronto com os outros. Mas é preciso sair do contexto habitual. O círculo social mais próximo (família, amigos, colegas) tende, de forma involuntária, a reforçar – ou mesmo a tentar preservar – a identidade que se quer abandonar. Estranham os comportamentos e interesses dissonantes, não lhes é fácil visualizar uma identidade que já deixou de ser o que era e que ainda não tem contornos definidos. É mais provável que as ajudas mais valiosas cheguem de fontes inesperadas, da periferia da rede habitual de relações e mesmo de contextos e pessoas desconhecidas. Uma estratégia útil a considerar na Viagem consiste então em estar atento aos sinais e às 'coincidências', recetivo ao que vem de fora, disponível para ouvir e aceitar sugestões e experiências. E mesmo procurar, deliberadamente, apoio para testar e estabelecer a nova identidade em pessoas, situações ou grupos no seio dos quais seja possível ir maturando a transformação.

Ulisses encontra os Feaces, em Esquéria. A passagem por esta Ilha marca o ponto de viragem na transição. Através da interpelação "Estrangeiro, deixa-me colocar-te primeiro esta pergunta. Quem és tu?" [vii.237-

238]. "Diz-me o nome pelo qual te tratam tua mãe e teu pai, (...) qual é a tua terra, qual é a tua cidade" [viii.550-555], à qual ele responde, "Sou Ulisses, filho de Laertes" [ix.19], seguida da sua história, dão-lhe muito "mais do que alguma vez Ulisses teria trazido de Tróia, se tivesse regressado incólume" [ix.135-137]. Dão-lhe a forma de estabelecer a transformação, de ligar o seu passado ao seu futuro, de estruturar as vivências da travessia e dar-lhes um sentido, de rever a sua vida e reenquadrá-la, redefini-la. Ao contar a sua história, Ulisses reinventa-se, reconstrói-se, retraça o rumo. Fica preparado para seguir viagem nas naus que "não têm timoneiros, nem têm lemes, como é hábito entre as naus dos outros; as próprias naus compreendem o espírito dos homens" [viii.557-559] e é ele quem as conduz.

Para um dirigente, o maior desafio é ser capaz de ver, em cada Fim, um Início.

E fazer-se de novo ao mar.

> *"Come, my friends.*
> *'Tis not too late to seek a newer world. (...)*
> *Though much is taken, much abides; and though*
> *We are not now that strength which in old days*
> *Moved earth and heaven, that which we are, we are;*
> *One equal temper of heroic hearts,*
> *Made weak by time and fate, but strong in will*
> *To strive, to seek, to find, and not to yield."*

Alfred Tennyson (*Ulysses*)

Xenofonte e Ciro, 'o Grande'*
Liderança a mais e governo a menos?
Pedro Rosa Ferro

> *"... [os homens] contra ninguém mais facilmente se levantam, do que contra aquele em quem reconhecem pretensões de governá-los. Portanto, (...) deduzimos destas reflexões que mais facilidade tem o homem em governar os animais do que os próprios homens. Mas depois recordámo-nos que existiu um persa chamado Ciro..."*

Xenofonte (*A educação de Ciro*, I, Prólogo)

Xenofonte foi um aristocrata ateniense que viveu entre os séculos V e IV AC, eminente historiador e pensador político, discípulo e companheiro de Sócrates. Contudo, ao contrário de outro seguidor de Sócrates cuja obra chegou até nós – Platão – Xenofonte foi também um homem de acção. Em concreto, participou na campanha dos 10 mil mercenários gregos que lutaram junto de Ciro, 'o Jovem', contra o rei persa Artaxerxes II, seu irmão. O regresso a casa desse exército – a memorável marcha dos 10 mil – liderada por Xenofonte, foi narrada pelo próprio em outro dos seus livros ("Anabasis"), e é também uma história impressionante de coragem, disciplina, abnegação, capacidade de improviso e sobretudo de comando.

---

* Nota: Agradeço a Luís Manuel Calleja comentários e sugestões a uma versão anterior deste ensaio.

Ciro, o melhor

Em "A educação de Ciro", Xenofonte trata da formação, carreira e realizações do fundador do império persa, Ciro, 'o Grande' – antepassado de Ciro, 'o Jovem', cerca de 150 anos antes de Xenofonte ter escrito. Para Peter Drucker, "A educação de Ciro" fora o primeiro livro sistemático sobre liderança que alguém redigiu e seria ainda hoje o melhor livro sobre a matéria[1]. De resto, para Drucker, os inumeráveis "livros, artigos e discursos sobre liderança empresarial que saem todos os anos têm pouco a dizer sobre o assunto que não fosse já velho quando os Profetas falaram e Ésquilo escreveu"[2].

Com efeito, pode dizer-se que, em Xenofonte, encontramos todos os tópicos modernos da liderança e da direcção de pessoas: a teoria dos traços característicos do chefe; o papel relativo da natureza e da educação na identificação de um líder; o que leva uma pessoa a obedecer a outra pessoa; a distinção entre obediência forçada e obediência voluntária; a relação entre autoridade e poder; o valor do exemplo e da integridade; o desenvolvimento e enunciado de uma visão; a gestão de recompensas e castigos; a importância de 'ir à frente', de rejeitar a inacção, de manter compromissos, de criar um propósito comum 'transformacional', de ter expectativas positivas, de antepor o dever ao interesse próprio, da preocupação sincera com o bem dos subordinados, etc.[3]

"A educação de Ciro" pode qualificar-se como uma biografia ficcionada ou um romance histórico e político, uma meditação sobre as qualidades do príncipe, sobre a melhor constituição para reger os homens e sobre os princípios da liderança bem sucedida. Xenofonte começa por apresentar uma visão idealizada de Ciro, como paradigma da arte de bem governar e modelo de sabedoria e virtude: um déspota benevolente – admirado e aclamado, quer pelos seus homens, quer pelos vencidos – que teria aliado à sua inteligência estratégica e audácia militar e política, uma invulgar

---

[1] Cf. Peter F. Drucker, *The Practice of Management*, Harper and Row Publishers, New York, 1954, p. 194.

[2] *Ibidem*. Ver William Cohen, *Xenophon: General, Historian, and Leadership Expert*, http://www.stuffofheroes.com/drucker on leadership course/Lesson%207/lesson_7_lecture.htm.

[3] Xenofonte elabora também – e principalmente – sobre questões essenciais da teoria política: os fundamentos da legitimidade do poder; o fundamento da obediência política; o debate sobre o melhor regime; a distinção entre tirania e monarquia; a democracia e o Estado de Direito; a discussão sobre se é mais razoável obedecer às leis ou aos homens, etc.

generosidade, magnanimidade, justiça e lealdade[4]. Aos olhos de todos, ele era verdadeiramente o mais digno de ser rei. Uma das chaves do êxito de Ciro, em particular, foi a reforma e reorganização do seu exército (e do seu reino) a partir da instauração de um regime de meritocracia, favorecendo a nobreza de conduta (e não do sangue) e o protagonismo dos melhores. Em Xenofonte, podemos ainda admirar outras capacidades dirigentes de Ciro: vemo-lo comunicar, persuadir e negociar, fazer alianças, encorajar elevados padrões de desempenho, e passar das palavras aos actos[5].

Liderança e bom governo. Há 'gestão' a mais e 'liderança' a menos?

Contudo, há alguma ambiguidade no juízo final de Xenofonte sobre a educação de Ciro e sobre a forma como ele resolveu – por assim dizer – o problema do governo de uma tão grande, complexa e populosa empresa. Haverá um lado menos luminoso no imperador persa, associado, nomeadamente, ao seu poder absoluto, à manipulação do medo e oportunismo dos seus súbditos – por via do seu sistema peculiar de prémios e sanções – e ao seu sistema de espionagem, através dos famosos 'olhos e ouvidos' do Rei.

A verdade é que o império persa entrou em decadência pouco depois da morte de Ciro (como notou Xenofonte e também Platão). Terá sido apenas porque os seus sucessores careciam das suas grandes qualidades? Ou também porque não deixou instituições sustentáveis, e porque o seu regime era excessivamente dependente da sua personalidade única? Estas interrogações apontam talvez para os limites da liderança carismática. Mesmo o governo do melhor (ou dos melhores) não dispensa uma configuração institucional que favoreça o respeito pelo pacto social, pela lei e pelas regras de boa conduta, bem como a continuidade da empresa. Refiro-me aos dispositivos de informação, deliberação, fiscalização e controlo, em nome dos interesses legítimos dos vários *stakeholders*: no fundo, aquilo a que chamamos hoje *corporate governance*.

Em qualquer organização, é razoável uma certa tensão entre uma certa fulanização do poder – especialmente quando ele é exercido (como dese-

---

[4] Aliás, Ciro foi enaltecido pela historiografia anterior e posterior a Xenofonte: cognominado como 'o Pai', 'o Libertador'", 'o legislador', 'o Ungido do Senhor', por persas, babilónios, gregos e judeus, respectivamente.

[5] Cf. Larry Hedrick, "Introduction", *Xenophon's Cyrus the Great: The Arts of Leadership and War*, Larry Hedrick (editor), Truman Talley Books, St. Martin's Griffin, New York, 2006.

javelmente deve ser) por dirigentes enérgicos, criativos e nobres – e os procedimentos institucionais e formais estabelecidos nessa organização para assegurar a legitimidade do governo, o futuro e sustentabilidade da empresa. Ora, é necessário um equilíbrio entre esses dois polos, de modo que nenhum deles sufoque, ofusque ou desvitalize o outro. Sem o elemento carismático e empresarial, a organização careceria de visão, iniciativa, dinamismo e autoridade natural. Sem a dimensão institucional não poderia prevenir a imprudência e o abuso e corrupção do poder.

Isto remete-nos para o debate sobre a distinção entre 'gestão' e 'liderança' e sobre a sua importância relativa. É razoável admitir um certo cepticismo em torno da retórica da liderança, por vezes um pouco balofa, que se tornou avassaladora: hoje em dia, há provavelmente mais livros escritos sobre a liderança do que sobre qualquer outra subdisciplina da direcção de negócios[6]. Teremos talvez que redescobrir o significado e valor da boa gestão que, apesar de menos 'glamorosa' e cintilante que a sua irmã liderança, e mais humilde, operacional e esforçada que ela, não é menos relevante para o progresso das organizações e da sociedade.

A educação do Príncipe

A obra de Xenofonte pode ser vista como matriz e modelo da longa tradição do género literário *specula principum* – sob títulos como *De Regimine Principum*, *De Instructione Principis*, *De Officio Regis* ou equivalente. Do ponto de vista da ciência política ou da ciência da administração, essa corrente pedagógica não é, à primeira vista, muito ambiciosa: em geral, limita-se a recomendar uma certa precaução contra as tentações da riqueza e do poder, aliadas prováveis da injustiça e da imprudência. Essa tradição terá culminado (ou, talvez mais correctamente, tocado no fundo) com "O Príncipe" de Maquiavel, que coincide também com a sua máxima subversão ou mesmo profanação[7]. Excluindo Tito Lívio, Xenofonte (sobretudo, em "A educação de Ciro") é mesmo o autor que o florentino cita com mais fre-

---

[6] Ver Julian Birkinshaw, *Reinventing Management*, Jossey-Bass, San Francisco, 2010, pp. 12 e seguintes.

[7] Cf. Irving Kristol, "Maquiavel e a Profanação da Política", em *Neoconservadorismo*, Quetzal Editores, Lisboa, 2003.

quência[8]. Maquiavel admira o imperador persa porque ele sabe aproveitar as oportunidades, porque depende mais das suas virtudes do que da sorte, e porque a sua 'liberalidade' – que lhe permite granjear a lealdade dos seus soldados – se alimenta de pilhagens, saques e extorsões.

É verdade que a educação do príncipe não pode resumir-se à proclamação das virtudes cardeais. Não basta ser um homem bom para ser um bom governante (o que será, quanto muito, condição necessária, embora não suficiente). Não basta sequer ser capaz de idealizar constituições justas. O governo de uma organização moderna choca com complexidades derivadas da dimensão e da sofisticação técnica que se precisa para manejá-las. A formação do príncipe de hoje requer valências de técnica operativa e jurídica que eram desconhecidas (porque desnecessárias) do governante antigo. Por outro lado, contra Maquiavel não se inscreve apenas o seu amoralismo, mas também o seu apelo à *hubris* do chefe: a sua convicção de que o sucesso do príncipe depende (e deve depender) apenas dele próprio, da sua *virtù*, da sua capacidade de subjugar os caprichos da fortuna. O que contrasta com as advertências iniciais de Cambises, pai de Ciro. No final do Livro 1 de "A educação de Ciro", Xenofonte relata uma longa conversa entre o jovem príncipe e o seu antecessor como rei da Pérsia. Cambises é um homem nobre, prudente e sagaz, símbolo da velha ordem aristocrática persa (que Ciro se preparava para desterrar). Entre outros conselhos, Cambises faz notar que a melhor forma de parecer sábio – como seria necessário a um governante – é ser mesmo sábio, embora deixando no ar a dúvida sobre a importância relativa de parecer bom (a reputação) face a ser bom. A certa altura, Cambises sublinha que ser um homem bom – cuidar de si próprio e da sua família – já é difícil; ser um bom dirigente – cuidar de muitos outros – é quase missão impossível. Exige sabedoria prática e também sorte, porque "há certas dificuldades que dependem não dos homens, mas da mesma natureza das coisas, e que com custo se vencem". Os dirigentes empresariais farão bem em emular as 'competências emocionais' de Ciro, a sua auto-estima e auto-confiança. Mas também farão bem em sopesar o ónus do poder e levar Cambises a sério.

---

[8] Leo Strauss, Studies in Platonic Political Philosophy, University of Chicago Press, 1983, pp. 227-228.

Ovídio, Pigmaleão e Narciso
Os mitos da motivação
Pedro Rosa Ferro

> *"...a diferença entre uma senhora e uma florista não está em como ela se comporta, mas sim em como ela é tratada".*

George Bernard Shaw (*Pygmalion*, Acto V)

> *"Louco ingénuo, porque intentas em vão apanhar uma imagem fugaz?*
> *O que procuras não está em lado nenhum".*

Ovídio (*Narcissus, Liber Tertius*)

Num artigo célebre publicado na Harvard Business Review, em 1969 – *"Pygmalion in Management"*[1] – J. S. Livingston explorou de forma persuasiva os efeitos das expectativas dos dirigentes de empresas sobre o desempenho do seu pessoal. Abordava o 'caso' mitológico mais popularizado e difundido no ensino da teoria das organizações, decantado no consabido

---

[1] Cf. J. S. Livingston, "Pygmalion in Management", *Harvard Business Review*, Special Issue, January 2003 (reimpressão).

'efeito Pigmalião'[2]. Esse 'efeito' tomou aquela designação de um antigo mito grego, contado por Ovídio – poeta romano cuja vida cruzou o fim do século I AC e o alvor da Era Cristã – no Livro X das "Metamorfoses", uma fabulosa colectânea de mitos greco-romanos que proporcionou doravante um imenso manancial de inspiração para a arte, literatura e pensamento do Ocidente[3]. Numa dessas lendas, Ovídio conta a história de Pigmalião, um escultor cipriota que pretendeu criar, a partir de um bloco informe de marfim, a figura da mulher ideal: no final, a escultura ficou tão branca e bela que Pigmalião se apaixona por ela, de modo tão intenso que esse amor acaba – por graça de Afrodite – por lhe insuflar vida. Ao contrário do que seria de presumir, o escultor casou depois com Galatea – como mais tarde será chamada a estátua fria de marfim tornada mulher de carne e osso – e foram muito felizes.

Pigmaleão na empresa

O tema recorrente do catálogo de Ovídio é o poder transformante, meta-morfoseador da paixão. Mas a 'mensagem' não trivial desta história é a de que as expectativas, mesmo sem fundamento aparente, podem tornar-se realidade: o poder do que esperamos de outra pessoa é tão grande que pode conformar o seu comportamento. Primeiro, a forma como os dirigentes tratam os seus colaboradores é subtilmente influenciada por aquilo que esperam deles. Depois, esses subordinados reagem ajustando-se a essas expectativas. Assim, a posição inicial do dirigente torna-se uma *self-fulfilling prophecy*: a comunicação – ou a percepção, por parte dos interessados – de elevadas (ou baixas) expectativas sobre o seu comportamento, gera um desempenho correspondentemente forte (ou fraco) da sua parte. Em particular, no caso negativo, a desconfiança *a priori* sobre as qualidades dos outros desencadeia depois um ciclo vicioso difícil de quebrar: vê-se o que se espera ver e acontece o que se esperava que iria acontecer.

A narrativa de Ovídio sublinha o favor divino, nos termos da religiosidade pagã. Também a teologia cristã afirma o poder criativo e 'animador' do amor de Deus: Deus dá entidade e vida àquilo que quer que exista e

---

[2] O 'efeito Pigmalião' foi cunhado por Robert Rosenthal e Lenore Jacobson, em *Pygmalion in the Classroom: Teacher Expectation and Pupils' Intellectual Development*, 1968.

[3] Cf. Anthony O'Hear , *Os Grandes Livros*, Alêtheia Editores, Lisboa, 2009, pp. 165 e seguintes.

que ama; e faz bom aquilo que ama. Ao contrário, nós amamos aquilo que é bom. Contudo, também o amor humano é de algum modo criativo e alentador. Temos experiência do efeito transformador – e, às vezes, 'redentor' – que tem a atitude benévola, confiante, solícita, afectuosa – dos pais sobre os filhos, dos professores sobre os alunos e, em geral, do amor sobre a pessoa que se sabe amada. Neste sentido, também nós fazemos bons, ou melhores, aqueles que amamos. Mais prosaicamente, na empresa – porque o contexto é obviamente distinto – a parábola de Pigmalião não tem a mesma altura, mas a sua intuição básica é ainda a mesma: tratamento benigno e expectativas elevadas podem conduzir a que os subordinados se tornem melhores profissionais. E tudo arranca de uma disposição positiva – interior e anterior – por parte do dirigente e da utilização de formas de comunicação abertas e hospitaleiras.

Resta sublinhar que este efeito não funciona, a prazo, se for ensaiado no âmbito de um processo técnico de 'gestão de expectativas' ou 'gestão da motivação', no sentido da sua manipulação ou instrumentalização para conseguir objectivos empresariais. Tem como fundo um interesse genuíno e sincero pelos outros, enquanto pessoas. Senão, não resulta, e será mesmo contraproducente, uma vez desmascarado. Em qualquer caso, esse efeito não á automático nem garantido, não dispensa a aquisição de competências, a correcção de atitudes e o esforço moral. Apenas as favorece. Milagres só mesmo por intervenção divina...

As metamorfoses de Pigmaleão

Como sucede como todas as obras 'clássicas', a história de Pigmalião persistiu ao longo dos tempos, das culturas e dos ambientes, gerando interpretações, revisões e múltiplos avatares[4]. Encontramos notáveis reverberações de Pigmalião – desde o Renascimento, sobretudo – na literatura, na música e no bailado (de Goethe a Rameau), na escultura e na pintura (de Jean-Léon Gérôme a Burne-Jones), na psicologia e filosofia (de Nietzsche ao desconstrutivismo e post-estruturalismo francês), no teatro e cinema[5]. Em parti-

---

[4] Cf. George Steiner, *Errata: revisões de uma vida*, Relógio D'Água Editores, 2001, pp. 28 e seguintes.

[5] No âmbito da história e da teoria da arte, ver, p.e., Victor I. Stoichita, *The Pygmalion Effect: From Ovid to Hitchcock*, Louise Smith Bross Lecture Series, 2008. Esta história bem poderia ter sido estendida a Woody Allen.

cular, "Pigmalião" alcançou uma ilustração contemporânea convincente na peça de George Bernard Shaw com o mesmo título, depois passada ao cinema em *"My Fair Lady"*. Aí vemos o insuportável professor Higgins assegurar que, com o treino apropriado, consegue transformar uma jovem florista *cockney* numa princesa, como efectivamente sucede. Todavia, o ponto crucial está contido num comentário dessa rapariga, Eliza Doolittle, dirigido ao Coronel Pickering, um amigo de Higgins: "...para além das coisas que qualquer um pode perceber – como a maneira de vestir, o modo correcto de falar e assim por diante – a diferença entre uma senhora e uma florista não é como ela se comporta, mas como ela é tratada. Sempre serei uma florista para o Professor Higgins, porque ele sempre me trata como uma florista, e sempre o fará, mas sei que posso ser uma senhora para si, porque o senhor me trata sempre como uma senhora, e sempre o fará".

Reencontramos aqui a mesma ideia, mas a transformação do material informe e tosco (que era Eliza) num ente sofisticado é agora produto da arte do 'escultor', que infunde nela um novo modo de vida. Desde logo, esse é o ponto de vista do Professor. Contudo, mais lúcida é a jovem florista: o que a converteu numa senhora não foi tanto a instrução formal – afectando "a maneira de vestir, o modo correcto de falar e assim por diante..." – como o facto de ser tratada com respeito (pela primeira vez, porventura), como uma senhora, como uma pessoa, pelo Coronel Pickering.

Pigmalião contra Narciso

Tal como Pigmalião, o foneticista Higgins – tão misógino e obsessivo como aquele – acabará por se apaixonar pela sua 'criação'. Com efeito, é difícil não se apaixonar por Audrey Hepburn. Mas o Pigmalião de Bernard Shaw, pelo menos numa primeira fase, não ama verdadeiramente Eliza. Ele ama sim a sua obra, a sua projecção, o seu reflexo, o seu espelho. Ama-se a si próprio. Isto remete-nos para outro conhecido mito das "Metamorfoses" – o de Narciso, no Livro III – e para outro registo de motivação empresarial. A personalidade narcisista[6] agudiza a valorização do poder e da glória, do sucesso pessoal, da experiência criativa: essas pessoas não procuram tanto

---

[6] O termo 'narcisismo' foi introduzido por Freud – não apenas no léxico da psicologia mas também na linguagem comum – a partir do mito de Ovídio.

ser amadas ou temidas, procuram sobretudo ser admiradas (em primeiro lugar, por si próprias, depois, pelos outros).

Não há dúvidas quanto à relevância e centralidade do amor-próprio e da vaidade na motivação pessoal. Aliás, o dirigente narcisista tem também as suas vantagens[7]: pensamento e vontade independentes, capacidade de visão e de enfrentar o caos e perigo, agressividade na prossecução dos seus objectivos, magnetismo pessoal. Apenas gostaria de sublinhar a insuficiência e riscos da sua estrutura motivacional, enquanto essencialmente egocêntrica: vulnerável às tentações da arrogância, suficiência e egoísmo; autocomplacência e autocompaixão; insensibilidade ao conselho e aversão à crítica, permeabilidade à adulação e obstinação.

Narciso sucumbiu a essas tentações. Tal como Pigmalião, gerou inúmeras representações e reinterpretações nos últimos dois mil anos. Lembramo-nos de como Caravaggio[8] ou Waterhouse o compreenderam: debruçado sobre o seu reflexo, enamorado e embevecido de si próprio. Ovídio fez constar que Narciso era incapaz de amar e narra como ele desprezou Eco – a bela ninfa condenada por Juno a repetir as palavras alheias – e foi cruel com ela. (Mas é o narcisista que não consegue escutar senão o seu próprio eco e está condenado a ouvir para sempre apenas o ressoar monótono das suas brilhantes sentenças). No fim da história, Ovídio conta que Narciso ficou deslumbrado quando se viu tão belo no espelho da água, e depois desesperado quando não conseguiu beijar-se e abraçar-se a si mesmo; e como – incapaz de cessar de se contemplar a si próprio – assim definhou até morrer.

---

[7] Cf. Michael Maccoby, "Narcissistic Leaders: The Incredible Pros, the Inevitable Cons", *Harvard Business Review*, Special Issue, January 2004 (reimpressão).

[8] De facto, discute-se a autoria do quadro.

Quintiliano e Plutarco
É possível ensinar a dirigir?*
Ricardo Rovira Reich

> "— ...parece-me que ensinas sobre a arte política e prometes tornar os homens bons cidadãos?
> — É esse mesmo, Sócrates, o programa que eu professo.
> — ...confesso-te, Protágoras, duvido que essa arte seja susceptível de ser ensinada".

> Protágoras (*Platão*)

Desde sempre pairou a dúvida sobre até que ponto podem a formação e educação suprir as lacunas naturais no desempenho de ofícios que exigem especiais aptidões. Desde tempos imemoriais se discutiu a possibilidade de educar para artistas ou para governantes quem não tivesse especiais condições inatas. Esta pergunta atravessou toda a história da Pedagogia e da Arte, e o debate não deixou de se ampliar no decorrer dos séculos.

* Publicado na *Revista del IEEM*, Montevideo, Abril 2011. Tradução do original castelhano: Pedro Ramos. Revisão de Pedro Ferro, de acordo com a ortografia tradicional, por expressa opção do revisor. O mesmo se aplica aos outros capítulos do livro escritos originalmente em castelhano.

É lógico que uma resposta negativa inquiete os que impulsionam ou trabalham em escolas de negócios, ou na formação de políticos e administradores públicos. Se fosse demonstrada a impossibilidade de remediar as deficiências naturais através da formação, essas actividades educativas ficariam conceptualmente invalidadas. Teríamos de confiar todas as esperanças de melhoria no aparecimento de pessoas providenciais que tivessem nos seus genes a capacidade de comando, e que quisessem e pudessem ocupar os cargos dirigentes. Não haveria outros recursos, pois seria inútil tentar recrutar e formar para as tarefas directivas os que para isso estivessem predispostos, os interessados em promover o bem comum, ou o bem particular das empresas – ou talvez ambos em simultâneo, visto ser notório estarem relacionados – mas que não tivessem especiais dotes de nascença.

É digno de nota como, desde o início do pensamento filosófico, já se fizeram quase todas as perguntas que têm vindo a ser formuladas – sobre o homem e o seu destino – ao longo de toda a história até aos dias de hoje. Platão no "Protágoras" interroga-se: será possível ensinar a governar? Muitos viram uma resposta positiva e tranquilizadora na autorizada afirmação de Aristóteles na "Política": "toda a arte e educação pretendem completar o que falta à natureza".

Mas, mesmo se essa resposta for positiva – e, portanto, permitir um certo optimismo e confiança quanto à viabilidade de remediar através da educação as deficiências de natureza – não se desvanecerão ainda todas as incógnitas: em que proporção pesam as condições inatas e as adquiridas? Haverá uma dotação mínima imprescindível, ou a educação é sempre possível e necessária? Existirão pessoas que não necessitam de formação, em absoluto, para ocupar altos cargos de governo? E em que proporção pesam a vontade de poder e o simples aproveitamento das oportunidades? Estas perguntas podem multiplicar-se.

A opinião de Quintiliano

Marco Fábio Quintiliano teve uma enorme experiência como formador de especialistas em Retórica e Oratória, profissões que no seu tempo eram de uma influência determinante e decisiva tanto na vida pública, como nos *fora* jurídicos. Tinha nascido no ano 30 da nossa era em Calahorra, cidade da província romana da *Hispania Tarraconensis*. Morreu na Cidade Eterna em 96 e – embora o Império ainda viesse a perdurar vários séculos – foi então considerado o mais famoso e autorizado mestre de Retórica de todas as épocas e em todo o Império. É o primeiro professor do Ocidente que, por mandato do imperador Domiciano, exerceu o cargo público do ensino em nome do Estado, remunerado oficialmente a custas do erário público. Isto é, trata-se do primeiro catedrático estatal da história. A partir dele, e graças ao magnífico exercício da sua docência, foram-se instalando outras cátedras de Retórica ao longo de todo o Império.

Depois dos primeiros vinte anos de ensino, graças à insistência de antigos alunos – convertidos em importantes advogados ou estadistas – Quintiliano compôs o tratado *"Institutionis Oratoriae"*, dividido em doze livros. Qualquer pessoa culta de qualquer época posterior ouviu falar pelo menos no seu título. Diz-se que é a obra pedagógica mais importante da Antiguidade. Parte do texto extraviou-se durante alguns séculos. Mas esse conhecimento truncado não afectou o seu prestígio. Os humanistas, a começar por Petrarca – que apenas conheceu o texto numa versão mutilada de uma quarta parte – descobriram a importância do seu conteúdo docente e deram-no a conhecer com entusiasmo.

No Outono de 1416, o humanista Poggio – Secretário da Cúria Papal durante o Concílio de Constança – encontrou na biblioteca do vizinho mosteiro de Saint Gallen da Suíça, o texto completo. Poggio copiou-o em 53 dias, e com grande júbilo de todos, deu-o a conhecer numa edição cuidada e memorável. Foi recebido como um verdadeiro tesouro de cultura. A influência de Erasmo fez com que esta obra tivesse uma presença secular em todas as universidades europeias e, em seguida, por imperativo legal do Cardeal Cisneros, o seu uso tornou-se também obrigatório em todas as da América. Pode afirmar-se que, directa ou indirectamente, todas as obras e publicações passadas e actuais sobre a formação da palavra em ordem à vida pública dependem da de Quintiliano.

No livro II, dá uma resposta ao que tínhamos vindo a perguntar. O capítulo XIX intitula-se: Orador por natureza ou por arte? O experimentado e consagrado mestre responde com considerações que podem servir-nos de esclarecida orientação:

> "... se separares completamente um dos factores do outro, a natureza poderá fazer muito, mesmo sem formação, enquanto a formação não poderá ser de nenhum valor sem a ajuda da natureza. Mas considerados ambos os factores conjuntamente,

inclino-me para acreditar que – nas pessoas com aptidões medianas – sem dúvida é ainda maior a importância da natureza. Contudo, pensarei que os oradores consumados devem mais à formação do que à natureza, do mesmo modo que a uma terra que não tem qualquer fertilidade de nada servirá o melhor agricultor; de uma terra fecunda algo de aproveitável irá crescer, mesmo que ninguém a cultive; mas de um solo fértil conseguirá mais o agricultor do que aquilo que por si mesma possa contribuir a fertilidade do solo".

Neste ponto, temos *in nuce* uma argumentação da qual podemos deduzir todas as respostas pertinentes: até onde se pode ensinar; se é possível aprender na ausência de faculdades naturais, e em que proporção se combinam estas últimas com as destrezas adquiridas para obter o resultado óptimo. Mas deve reconhecer-se que não eram previsíveis algumas consequências práticas desta imagem da terra e do agricultor que nos é oferecida por Quintiliano. Ele sabe do que está a falar. Teve a possibilidade de acompanhar a carreira da maioria dos seus discípulos e de observar experimentalmente o resultado do seu famoso trabalho docente.

Não me atrevo a concluir aqui que as experiências das escolas de *management* sejam mais ou menos coincidentes com aquela escola romana de Retórica. Mas conheço muito de perto a trajectória dos escassos centros que existem de formação para a vida pública. O parecer de Quintiliano nesta questão é muito certeiro: se não houver condições naturais para o comando, é inútil tentar remediar isso com formação. Se existirem algumas, a formação específica aumentará a eficácia do governante. Mas se se for bem dotado, é imprescindível procurar uma boa formação, porque isso multiplicará exponencialmente as possibilidades de êxito. Num grande estadista, a formação adquirida conta mais do que o instinto natural para o comando.

Mas, assim como é lícito perguntar: 'quem governa o que governa?', também o é interrogar: 'quem é que será capaz de formar para o governo, se não o exerceu prolongadamente e com bons resultados?'. O governo é uma actividade eminentemente prática. Como diz Aristóteles igualmente na "Política", "o objetivo da política é a acção e não o conhecimento". E o trabalho de governo é o núcleo de todo o trabalho político. É uma actividade prudencial que exige pensamento referencial e conhecimento indutivo de antecedentes. E não o pode ter quem apenas se ocupou do estudo do modo de governar através dos livros ou de uma forma meramente teórica.

A demonstração de Plutarco

Desde há longas décadas que a minha cidade natal, Montevideu, dedicou uma rua do bairro popular do Buceo a Plutarco de Queroneia. Isso parece evidenciar que houve entre nós quem sabia da ressonância universal que teve o polígrafo grego nascido em Queroneia da Beócia no ano 45 da nossa era e falecido em 125, o qual foi, portanto, contemporâneo do hispânico Quintiliano. Nas suas célebres cinquenta "Vidas Paralelas", demonstra – ao vivo e a quente – a possibilidade e a necessidade de completar com uma boa formação as deficiências naturais que se possam ter, para exercer a decisiva tarefa do governo público. Ao longo dos seus cinquenta livros vai traçando um original esboço biográfico de um grego célebre e a seguir o de um romano. No final, compara-os numa *synkrisis*, extraindo virtudes e defeitos de cada um, com um objectivo ético e didáctico. A sua determinação, em última análise, é muito claramente pedagógico-política: ensinar a governar bem. Demonstra como isso foi feito acertadamente, por vezes, e como fracassou noutras ocasiões. Portanto, com factos da vida real – casos históricos, comparáveis ao método do caso utilizado nas escolas de negócios – pretende ensinar que qualidades devem possuir os estadistas para obterem sucesso na actividade governativa.

O leitor não vai demorar a constatar que o escritor de biografias é um especialista em assuntos de governo, não apenas porque teve a possibilidade de conhecer directamente os mais destacados estadistas do seu tempo – fossem eles gregos, romanos ou estrangeiros –, e porque estudou profundamente a vida e a acção política dos mais importantes governantes anteriores ao seu tempo, ao longo de anos ou de séculos, como também porque exerceu directamente cargos públicos de grande relevância. Assim, pôde ministrar a sua docência política com grande amplitude e contundência.

São menos conhecidas do que as Vidas Paralelas, as suas *"Moralia"*. Conservam-se uns oitenta livros agrupados sob este título, embora nem todos sejam de carácter ético (apesar da sua denominação global). Cinco deles são dedicados em exclusivo a temas políticos. São os últimos livros que escreveu antes de morrer. Neles reaparece claramente a sua principal preocupação: como formar o bom governante. O título destes livros é já de si bastante explícito: "Sobre a necessidade do filósofo conversar especialmente com os governantes"; "A um governante sem instrução"; "Sobre se o ancião deve intervir na política"; "Conselhos políticos"; "Sobre a monarquia, a democracia e a oligarquia".

Assim como a obra de Quintiliano é imprescindível para a formação de um orador, estes livros de Plutarco são um tesouro de recursos didácticos para quem queira dedicar-se à vida pública. Apesar de terem sido compostos há quase vinte séculos, entre as suas páginas podemos desenterrar conceitos que – descodificados do seu tempo e lugar – darão uma vantagem diferencial a quem os conheça. Assim foi considerado em todas as épocas históricas. Desde Trajano, passando por Fernando o Católico, Montaigne, Rousseau, Shakespeare, Quevedo, Emerson ou Napoleão. Não estavam equivocados os uruguaios de Montevideu que quiseram dedicar uma rua a este mestre de escritores, filósofos, moralistas, pedagogos, historiadores, filólogos e governantes.

Tão-pouco estão equivocados os que não têm uma visão derrotista e se negam a aceitar que os maus governos, ou os dirigentes incompetentes, são como que uma catástrofe natural perante a qual só resta resignar-se a suportá-la, e esperar que passe, sem podermos fazer nada para a remediar. Tentar promover a responsabilidade entre os jovens para que queiram assumir tarefas directivas; procurar oferecer-lhes uma formação específica adequada (o que pressupõe também formação ética), encorajá-los à acção respeitando as suas inclinações pessoais, abrir-lhes portas, e dar-lhes alento, suporte e apoio quando já se encontram em plena actividade é inclinar-se para a proposta aristotélica: pode-se completar com educação o que falta à natureza.

Os clássicos viram-no com muita clareza, apesar de terem de resistir, responder e demonstrar a falsidade das objecções cépticas a esse respeito de sofistas e epicuristas seus contemporâneos. Alguns grandes homens – como Quintiliano e Plutarco – esforçaram-se tanto em remediar com recursos pedagógicos as insuficiências de dotes naturais para as tarefas sociais mais transcendentes, que vinte séculos depois, continuam a ser de extrema utilidade e inspiração também para nós.

O estado da arte, hoje, é um desenvolvimento dos clássicos

Actualmente, os lugares directivos – sobretudo no mundo da empresa – costumam ter tanto prestígio e remuneração social, que muitos tentam ocupá-los sem terem condições para isso. Mas não é menos verdade que, partindo de alguns níveis mínimos e contando com uma oportunidade de os exercer, é possível alcançar níveis aceitáveis. Não é em vão que dirigir é uma 'arte' – não uma profissão – que se melhora com o exercício e, paralelamente, com formação específica.

Antonio Valero condensa numa nota técnica já clássica[11] as descobertas a este respeito. Sintetiza em três as competências do 'político de empresa': i) capacidades relacionadas com os conhecimentos (conceptuais ou práticos); ii) capacidades relacionadas com as atitudes (com os valores ou com a vontade); e iii) capacidades relacionadas com certas qualidades inatas. Observou que o grau de desenvolvimento possível destas capacidades era decrescente, isto é: podia-se aprender muito no que toca a conhecimentos de tipo conceptual, menos nos de tipo prático, menos no que respeita aos valores, bastante menos nas capacidades relacionadas com a vontade e muito pouco no que se refere às qualidades inatas. Algumas destas últimas costumam relacionar-se com o arquétipo do líder: impulso para actuar em contexto de incerteza, imaginação realista, iniciativa para abordar assuntos, capacidade de despertar a confiança nos outros, etc. Nestas, se não se dispõe de certos níveis mínimos, não há lugar a qualquer desenvolvimento. Algumas escolas de negócios, no entanto, baseiam os seus ensinamentos em desenvolver coisas não susceptíveis de desenvolvimento no plano da liderança: isso constitui uma grande fraude, a que estamos a assistir continuamente.

Entendemos como clássico tudo o que nas diversas ordens da criação artística ou intelectual é excelente no seu género e, em virtude do seu excepcional valor, é digno de ser imitado. E clássicas são também aquelas obras que significam uma aquisição permanente para o espírito humano. Por isso, as criações surgidas na Antiguidade greco-romana também foram chamadas clássicas. Dentro desta ordem de ideias, os conselhos para a formação política ou directiva emitidos por Plutarco e Quintiliano podem resistir à acção do óxido do tempo durante dezenas de séculos: se rasparmos a ferrugem superficial que é o espírito de época, depararemos sempre por baixo dela com o valioso metal da sabedoria permanente que pressupõe conhecer muito bem o essencial do espírito humano.

---

[1] Cf. Antonio Valero, "Capacidades del Político de Empresa", *DGN–146*, IESE, 1973.

II. CASOS DA HISTÓRIA

Alexandre Magno
Areté e pensamento lateral
Pedro Rosa Ferro

> *"A vida grega é uma verdadeira façanha de juventude.*
> *Aquiles, o jovem criado pela poesia, inaugura-a.*
> *Alexandre Magno, o jovem real, encerra-a."*
>
> Hegel (*Lições de Filosofia da História*)

Alexandre III da Macedónia é um meteoro que rasga a segunda metade do século IV AC. Discípulo de Aristóteles e admirador de Diógenes, rei aos 20 anos, percorreu com o seu exército milhares de quilómetros a pé (com Alexandre a cavalo no seu Bucéfalo, suponho), venceu todas as batalhas em que participou, em meia dúzia de anos estendeu os seus domínios do monte Olimpo ao monte Everest, e morreu aos 33 anos. Novo Aquiles, foi um 'acelerador da história', transgressor de fronteiras e perseguidor de confins e infinitos. Emulado por Pompeu, Júlio César e Augusto – entre muito outros notáveis da História, alguns pouco recomendáveis, como Calígula e Caracalla... – inspirou a *pax romana*. Na sua louca correria, há um misto de desmedida ambição de poder e uma certa aspiração universalista: civilizadora, pacificadora e multicultural; há uma combinação de megalomania e magnanimidade; uma mescla de crueldade e compaixão.[1]

---

[1] A verdade histórica sobre Alexandre é evidentemente objecto de controvérsia. Não pretendo ter opinião nessas disputas. Baseio-me na cultura popular sobre o personagem – cujas

A sua personalidade e proezas constituem uma fonte irresistível para a literatura do *management* (bem como para a teoria política e polemologia), visando sobretudo compor e colorir referências a tópicos como liderança, visão ou estratégia. Um relance rápido aos índices desses livros[2] permite evidenciar as excepcionais qualidades de Alexandre: direcção inspiradora, baseada no exemplo; clareza, audácia e determinação na fixação e prossecução dos objectivos; supressão de ambiguidades quanto à unidade de comando; excelência operacional – laboriosa preparação, atenção aos detalhes, incrível rapidez...; mestria na exploração do efeito surpresa; capacidade de gestão de crises e de reversão a seu favor dos contratempos surgidos, etc. Para além, claro, da sua lendária bravura e do seu génio militar.

"Nada é impossível"[3]?

É sempre preciso desconfiar das lições dos super-homens da história e da sua aplicação na gestão das organizações. Não apenas por razões historiográficas, associadas a perigos de simplificação, projecção ideológica ou descontextualização, com riscos de cair em sonoras trivialidades. Também porque o governo é uma mistura circunstanciada de sabedoria e coragem, de prudência e risco, de cálculo e sonho, de autoridade e serviço, ponderação e energia, planeamento e improvisação... Trata-se de matéria que não é possível sintetizar em supostas fórmulas de sucesso.

De resto, Alexandre terá fracassado também em aspectos cruciais. Nem sempre acertou no alinhamento de motivações e na gestão do esforço do seu pessoal, como se notou no episódio do rio Beas, na Índia, onde o seu exército – exausto por anos de campanha – se amotinou e recusou prosseguir para oriente. Por outro lado, Alexandre não geriu bem a inevitável tensão entre crescimento e consolidação: encorajado talvez pelo seu retumbante sucesso na conquista de 'novos mercados' e pelas oportunidades

---

fontes primárias remontam a Arriano, Diódoro Sículo e Plutarco – tal como pode aparecer na *wikipedia*, por exemplo. Alguns dos eventos referidos foram retirados de *Alejandro Magno. Ser rey no es suficiente*, de Salvador Rus e Rosa Trevinyo-Rodrigues, LID Editorial Empresarial, Colección Leo, Madrid, 2011.

[2] Ver por exemplo, *Alexander the Great's Art of Strategy: The Timeless Lessons of History's Greatest Empire Builder*, Partha Bose, Gotham Books, 2003; ou *Leadership & Strategy: Lessons From Alexander The Great*, Leandro Martino, 2008.

[3] Dito atribuído a Alexandre Magno e referido como lema e síntese da sua personalidade indómita.

de expansão, descurou a estruturação do seu *core business* – a Macedónia e o mundo grego, onde residia a fonte das suas vantagens competitivas e base do seu governo. Aliás, a Macedónia foi tão enfraquecida e sugada de recursos humanos, pelo esforço de guerra, que isso pode ter conduzido à sua posterior subjugação por Roma. Além disso, apesar da sua sobriedade pessoal, Alexandre não evitou explosões de intemperança e prepotência: como a execução de Parménio – veterano general do seu exército – devido a rumores; ou o assassinato de Clito, seu camarada de armas, num momento de ira e embriaguez; ou a tresloucada reacção à morte do seu amigo Hefestião – ecoando a 'cólera de Aquiles' ante a morte de Pátroclo – que o levou a supliciar Glaucias, o médico que o tratara (mas não curara), e a massacrar uma tribo revoltosa a título de ritual fúnebre. Todo o abuso do poder mina a autoridade, convidando defecções e traições, e foi isso talvez que aconteceu. Por último, Alexandre não preparou a sua sucessão, obrigação de capital importância numa empresa familiar (como é uma monarquia hereditária). O seu fulgor foi intenso, vertiginoso e breve. Após a sua morte, a sua família foi exterminada, o seu império foi destruído e retalhado – mergulhado em cinquenta anos de anarquia e guerra civil, – e o seu sonho universalista foi reduzido a cinzas.

Nó Górdio. Alexandre '*outside the box*'

Em qualquer caso, no meio dessas e doutras contradições, a figura histórica de Alexandre persistiu como alguém que ousa fazer aquilo que outros apenas sonham, e que divisa aquilo que os outros não são capazes de imaginar.

Alexandre foi certamente um estratega criativo, como demonstrou nos campos de batalha. Para além disso, toda gente sabe o que aconteceu – segundo a lenda – quando Alexandre passou pela Frígia e encarou o intrincado nó com que Górdio – cem anos antes, conforme rezava um mito antigo – tinha amarrado a sua carroça a uma coluna do templo de Zeus. Depois de várias tentativas frustradas de desfazer o nó, e após reflectir um pouco, o impetuoso imperador sacou da espada e com um golpe seco cortou o nó. Esse episódio – parecido, por exemplo, com o do 'ovo de Colombo' – é uma espécie de parábola sobre as vantagens das soluções 'criativas' para problemas que seriam intratáveis pelos meios tradicionais ou convencionais (*inside the box*).

A criatividade é uma palavra mágica no mundo das empresas. E tendemos a pensar que ela própria – a criatividade – é também uma coisa mágica. Como é evidente, já se gastaram rios de tinta sobre o tema (e sobre o pensamento *outside the box*, sobre o 'pensamento lateral', sobre o debate entre lógica e imaginação, sobre as diferentes virtualidades dos hemisférios esquerdo e direito do nosso cérebro, etc.) e essas *buzzwords* convertidas em *clichés* e banalidades começam a cansar. Todavia, há realmente problemas – por exemplo, quando se enfrenta um impasse ou quando se chega a um beco sem saída, como é frequente em contexto empresarial – cuja solução requer um salto, um golpe de asa: uma perspectiva diferente, um ponto de partida diverso, a introdução de uma descontinuidade, uma mudança de direcção. Por outras palavras, exige uma libertação dos esquemas ou padrões vigentes, nos quais certas hipóteses parecem de ferro – como a de que o nó górdio para ser desfeito devia ser desnovelado – e afinal são de papel. Nessas situações, é necessário desafiar as velhas ideias (e escapar delas) e gerar ou provocar ideias alternativas[4].

Contudo, o primeiro ponto na agenda de um dirigente não é 'qual é a solução'. A primeira questão é antes 'qual é o problema'. O primeiro problema é a identificação e formulação do problema. A natureza do problema raras vezes é evidente: há sintomas explícitos e patentes; e há causas fundas e ocultas que podem demorar a manifestar-se e que é necessário investigar, descobrir e 'imaginar'. Também aqui é preciso sair das apreciações convencionais e costumeiras, observar e aceitar as evidências, e não descartar demasiado depressa as 'hipóteses impossíveis'[5].

As organizações precisam de heróis?

Alexandre passou à história com uma certa auréola, como personificação do herói, como alguém que perseguiu a plenitude humana, a *areté* – de que falava o seu mestre Aristóteles e profundamente enraizada na cultura grega – combinando excelência moral, valentia guerreira, distinção pessoal, honorabilidade e altivez.

---

[4] Ver por exemplo, *Lateral Thinking for Management*, Edward de Bono, Penguin Books, 1971, pp. 13 e 219.
[5] Cf. *Cuestiones de decisión para la acción directiva*, Luis Manuel Calleja, 2009 (Nota Técnica 059/01, AESE).

A ideia de heroísmo já conheceu melhores dias. Já não há heróis na política. A épica da guerra embaraça-nos. No mundo empresarial, descobrimos com demasiada frequência que aqueles que louvámos como heróis afinal eram vilãos, ou 'triunfadores' amorais. A morte do herói foi também favorecida pela hipertrofia da racionalidade científica e asséptica, pela paixão da igualdade, da moda e da média e pela cultura da suspeita. Acresce o afã enfermiço de conforto e segurança, avesso ao drama, risco ou aventura, que caracterizam uma sociedade cansada, envelhecida – almofadada por apólices de seguros – e desejosa de paz, como é a nossa. Mesmo assim, temos saudades dos heróis de antigamente quando vemos os seus sucedâneos no cinema ou na TV (com honrosas excepções, como Samwise em "O Senhor dos Anéis", ou o Sheriff Woody em "Toy Story 3"...)

A extinção do heroísmo patético não é inteiramente negativa[6]. Não só porque desmascara, por vezes, um heroísmo falsificado. Também porque esse heroísmo era subsidiário de uma ascética da superioridade, do extraordinário e da gloríola mundana que bem merece a ironia. Aliás, o ideal aristocrático vigente no mundo grego clássico, conquanto admirável, desconhece a nossa igualdade essencial: a fragilidade humana afecta também o herói; a dignidade humana reside também nas pessoas consideradas 'de baixo', mulheres, metecos ou escravos. Daí, o seu desprezo pagão pela humildade e pela misericórdia.

Contudo, gostaria de sugerir que o governo das organizações exige efectivamente um mínimo de *areté*. Refiro-me a pessoas normais, dirigentes – homens e mulheres – comuns, cuja odisseia consiste em cumprir corajosamente o seu espantoso dever quotidiano. Não é preciso 'amar o perigo' ou 'gostar de desafios', embora isso possa ajudar. Mas é preciso fazer face ao perigo e enfrentar os desafios, uma vez que o mundo das empresas é *terra infirma*, recalcitrante e ameaçador. Trata-se, por exemplo, de tomar decisões prudentes no momento oportuno, sem adiar para amanhã o que deve ser feito já; de tomar iniciativas e acometer tarefas árduas, quando seria mais cómodo ficar quieto; de não recear a inovação ou a mudança, que dão trabalho e dores de cabeça; e, outras vezes, de resistir à moda ou à novidade, recusando a tentação adolescente de parecer 'diferente' e 'tecnológico'. Trata-se de não ter medo de dizer o que pensamos, em consciência, ou de votar isolado num Conselho de Administração – mesmo

---

[6] Cf. Daniel Innerarity, "La nueva tarea del héroe", *Nuestro Tiempo*, Septiembre 1989.

que isso contrarie o que todos os outros opinam ou o que sempre se fez; de assumir as responsabilidades pelas decisões tomadas, quando as coisas não correram bem; e de rectificar quando reconhecemos que os outros têm razão ou que as circunstâncias mudaram. Trata-se de ser muito exigentes connosco próprios, primeiro, e depois com todos aqueles que dependem de nós, corrigindo com severidade proporcionada o que for necessário. E trata-se de voltar para casa a horas – porque temos a família à espera – coisa que Alexandre não fez.

Os almogávares: lições de governo corporativo*
Agustín Avilés Uruñuela

*"Um exército de cervos dirigido por um leão
é muito mais terrível que um exército de leões
dirigido por um cervo."*

Plutarco

Desde os primeiros anos de dominação muçulmana da maioria da antiga Hispânia, e independentemente da resistência nas Astúrias e noutras regiões do norte da península, desenvolveram-se durante séculos numerosas revoltas tanto de moçárabes[1] como de *muladis*[2] pondo em cheque o poder dos emires árabes. Estas revoltas estiveram em vias de expulsar os árabes da Espanha seis séculos antes de o terem feito os Reis Católicos. Os mais famosos foram o *muladi* Ibn Marwan ('o Galego') que actuava em Mérida, Banu Qasi, também *muladi*, que lutava em Aragão, e Umar Ben Hafsun, descendente de um nobre visigodo oriundo da Serra Morena e com o centro de operações em Ronda.

---

* Nota: Comunicação apresentada no XII Encontro de professores de Política de Empresa, AESE, Lisboa, Novembro de 2010.

[1] Hispânicos que conservaram a sua fé cristã sob o domínio muçulmano.

[2] Hispânicos convertidos ao Islão por convicção ou para evitar impostos e outras penalidades que os moçárabes sofreram.

À medida que os cristãos, com ajuda de *muladis* em muitos casos, ocupavam novos territórios, surgia a necessidade de os defender. Assim, formou-se uma cavalaria 'não nobre' que assumiu essa responsabilidade em troca de outros benefícios[3]. Estabeleceram-se igualmente grupos de guerreiros de infantaria que prestavam os seus serviços aos cavaleiros, a nobres ou a reis cristãos que lutavam contra os árabes. Séculos de luta feroz, dura e furiosa formaram grupos especiais de combatentes capazes de sobreviver no contexto político que os rodeava e no território inóspito que era a meseta hispânica com tórridos calores no verão e duríssimos invernos de frio e neve. Estas constantes formaram o carácter hispânico[4].

Entre estes guerreiros apareceram em Aragão os famosos almogávares: "um dos corpos militares de mais terrível eficácia guerreira que se conheceram"[5]. Costumavam deambular sem edificar casas e sem terem bens, procurando utilizar as suas armas contra os mouros e vivendo dos despojos e pilhagens que obtinham após as suas batalhas, além do pagamento que recebiam pelos seus serviços. Levavam com eles as suas mulheres e filhos e vestiam-se com peles de animais ferozes, sandálias e armas claramente ofensivas, desenvolvidas para a luta corpo a corpo. Ao seu modo de operar chamaram os antigos fazer raides ou *almogavaria*[6].

Embora as suas acções fossem totalmente independentes, integravam-se normalmente nos exércitos dos reis cristãos para fazer a guerra aos mouros. Assim, Afonso I '*el Batallador*', incluiu 12.000 almogávares na sua primeira incursão na Andaluzia. Por este motivo, os reis da época tentaram submetê-los às suas leis. As "Partidas" de Afonso X 'o Sábio', por exemplo, estabelecem regulamentos para os almogávares castelhanos e, nomeadamente, para os seus comandantes denominados adaís (do árabe *ad-dalil* ou guia) que deviam possuir quatro virtudes: sabedoria, coragem, bom senso e lealdade. Para chegar à categoria de adail, era necessário que doze adaís

---

[3] Cf. Claudio Sánchez Albornoz, *España un enigma histórico*, Ed. Edhasa, Tomo II: "De entre eles destacou-se uma minoria de cavaleiros vilãos: burgueses livres com meios suficientes para ter cavalo e armas e servir como ginetes na guerra contra os mouros".

[4] Cf. C. Sánchez Albornoz, *op. cit.*

[5] Cf. José María Moreno Echevarría, *Los almogávares*, Colección Rotativa, Plaza y Janés, 1972, Espanha.

[6] *Almugawir*: o que faz algaras, internando-se em território inimigo para fustigá-lo e tirar despojos. *Almogavar*: na milícia antiga, soldado de uma tropa escolhida e muito hábil na guerra, que se empregava para fazer incursões e correrias nas terras dos inimigos.

jurassem que o candidato reunia essas virtudes; e se algum dos doze mentia, era castigado com a pena de morte.

Como foi possível que uma força de cerca de 5.000 homens fosse capaz de conquistar a Sicília aos condes de Anjou e ao Papa[7], de tomar toda a Ásia Menor aos turcos[8], em apenas oito anos, e de manter a sua unidade e capacidade ofensiva, inclusivamente em situações de precariedade e de hostilidade dos seus próprios aliados? Como foi possível que se mantivesse a guerrear nessa zona durante mais de oitenta anos, contra os seus e contra os outros? Hoje, poder-se-ia pensar num exército formado e disciplinado e com uma formidável logística para enfrentar uma campanha como essa, algo que nem eram nem tinham os almogávares. Quais são, então, as chaves dos seus êxitos militares, económicos e morais?

Tal como os guerreiros espanhóis, depois de vencida a Reconquista em Aragão, vão para outras paragens e decidem expandir-se pelo Mediterrâneo, a internacionalização das empresas costuma ser encarada - analogamente - quando se prevê que se vão esgotar os mercados internos, procurando assim a compensação da queda do consumo interno tradicional.

Será que as experiências e lides dos almogávares[9] podem ajudar-nos a reflectir sobre as campanhas empresariais de hoje, com as quais guardam um certo paralelismo? Poderá a sua sobrevivência ser explicada à luz de um modelo de Política de Empresa[10]? Quais são, concretamente, as chaves da 'configuração institucional' dos almogávares e que relação podem ter com a sua capacidade de resistência durante tanto tempo, num território hostil e com tantos inimigos/concorrentes? Terão os seus êxitos algo a ver com o seu modelo de negócio e de governo: a 'iniciativa', o 'poder' e o 'dinheiro'?

O Negócio e o Dinheiro

Os almogávares eram soldados que consideravam a guerra como um trabalho pelo qual recebiam uma remuneração. Habitualmente, o valor do

---

[7] Na segunda metade do século XIII, os almogávares combateram por Pedro III de Aragão pela posse da Sicília contra Carlos de Anjou, que era apoiado pelo Papa.

[8] Contratados por Bizâncio, no início do século XIV, os almogávares combatem e derrotam os turcos e dominam a Ásia Menor.

[9] Ver, em anexo, um resumo de dados históricos e da saga dos almogávares.

[10] Antonio Valero e José Luis Lucas, *Política de Empresa, el Gobierno en la empresa de Negocios*, EUNSA, 2007, Espanha.

pagamento era acordado antecipadamente. E exigiam o cumprimento do contratado com o mesmo empenho e diligência com que realizavam o seu trabalho.

A clareza na definição do negócio não se opunha aos princípios com os quais normalmente actuavam. Assim, a sua entrada na guerra da Sicília foi certamente motivada pela recompensa esperada, mas também os movia a lutar em defesa de Frederico II[11] a sua lealdade à casa de Aragão, sob cujas bandeiras e de Frederico combateram por todo o Mediterrâneo. Quando, depois da guerra, abandonaram a Sicília, não o fizeram por despeito pelo rei incumpridor, mas movidos pela necessidade de procurar novos 'negócios' um pouco mais 'rentáveis', sempre conscientes de que Frederico II tinha contribuído na medida das suas possibilidades[12]. Voltam a afirmar os seus princípios aquando da traição de Bizâncio: em vez de saírem da zona com aquilo que pudessem reunir (como actuaria um mercenário normal), os 2.200 homens sobreviventes decidiram 'vingar' os seus companheiros empenhando a vida caso fosse preciso. E, nesse sentido, fiéis aos seus ideais, resolveram transmitir a declaração de guerra a Bizâncio pessoalmente, ao próprio imperador. Da mesma forma, quando se dispuseram a defender Gallipoli na guerra contra Bizâncio, os almogávares içaram no castelo a bandeira de São Pedro e os estandartes de Aragão, da Sicília e de São Jorge. É interessante observar como – apesar de desenvolverem um 'negócio' realmente competitivo e de terem ideias muito claras à hora de reclamar os seus honorários e até de os cobrar pelas suas próprias mãos, se necessário, – eram capazes de o associar a princípios e valores de natureza desinteressada: lealdade, honra, desprendimento...

Em 1302, partiram da Sicília em dezoito galés, dez delas cedidas por Frederico II e outras oito avançadas por Roger de Flor[13], que teve de recor-

---

[11] Frederico II, rei da Sicília (1272-1337), filho de Pedro III 'o Grande' de Aragão e herdeiro da Sicília por via de sua mãe, filha de Manfredo, filho por sua vez do Imperador Frederico II Hohenstaufen.

[12] O escasso pagamento oficial que receberam pela sua campanha da Sicília foi de "um quintal de biscoitos, dez queijos e porco ou carne salgada para cada quatro, além de cebola e alho..." Cf. Ramón Muntaner, *Crónica*, Alianza Editorial, Madrid, 1970.

[13] Roger de Flor (?-1305), foi Capitão de almogávares, Megaduque e César do Império Bizantino. De família normanda, a sua mãe alistou-o num barco da Ordem do Templo chegando a alcançar a categoria de 'sargento irmão' com o comando de um navio. Participou na defesa de São João de Acre e foi expulso dos Templários. Frederico II da Sicília pô-lo à frente dos almogávares para a guerra da Sicília, onde demonstrou a sua valia e obteve o reconhecimento

OS ALMOGÁVARES: LIÇÕES DE GOVERNO CORPORATIVO

rer a credores genoveses para as conseguir. Como garantia do seu pagamento, foram adiantadas as quantias que deviam receber do imperador de Bizâncio pelos seus serviços. Saíram da Sicília 4.000 almogávares (infantaria), mais 1.500 homens a cavalo e 1.000 marinheiros contratados, juntamente com as famílias dos combatentes que os acompanhavam sempre. À chegada a Constantinopla, a 'Companhia'[14] recebeu quatro prestações antecipadas e o seu capitão, Roger de Flor, a mão de uma mulher da família imperial e o título de Megaduque do Império. A Companhia deixava sempre claro aos seus 'clientes' que o pagamento era um assunto vital. Assim, na Calábria, Bernardo de Rocafort[15] não entregou os castelos do rei de Nápoles tal como ordenava o acordo de paz de Caltabellota, até lhes ser pago o que era devido.

Depois da conquista da Anatólia (1304), o imperador recebeu Roger de Flor, acolheu-o e mostrou a sua grande alegria pela libertação do jugo turco. Mas confessou pouco depois que não podia pagar os salários que os almogávares tinham merecido no campo de batalha. Flor reclamou a sua dívida e deixou claro que de uma forma ou de outra conseguiriam cobrá-la...Passado pouco tempo, Roger de Flor propôs ao imperador que lhe fosse cedida em feudo[16] a península da Anatólia. Desse modo Bizâncio não perderia o território e os almogávares poderiam ressarcir-se e cobrar as suas dívidas. Era uma abordagem ditada mais por questões de dinheiro e negócio do que de poder, e provavelmente era a única solução para Bizâncio poder manter a soberania destes territórios de forma a não voltarem a ser ocupados pelos turcos. É bem verdade que ao que não se sente o custo não se dá valor, na sua justa medida! Os almogávares eram sistematicamente contratados por reis ou príncipes para operações que não podiam realizar por si próprios (com os seus súbditos) e, uma vez alcançados os objectivos e sem valorizar o que tinha custado consegui-los, sonegava-se o

---

dos almogávares. Morreu assassinado com a sua escolta numa emboscada organizada por Miguel, filho do imperador Andrónico II Paleólogo.

[14] Assim se designava a força almogávar na época.

[15] Bernardo de Rocafort (?-1309), Capitão de almogávares. De família valenciana, com origem humilde, ambicioso e muito dotado para combater, fez toda a campanha do Oriente até ser detido por Teobaldo de Cepoy e enviado juntamente com o seu irmão a Roberto I, rei de Nápoles, que os mandou emparedar.

[16] Feudo equivale a uma concessão do rei a pessoas que gozam da condição social de nobre, para benefício de uma terra e domínio, de um direito ou de uma função pública e que pressupõe a prestação de fidelidade e de serviços militares ou cortesãos.

pagamento acordado. Assim aconteceu com o Imperador de Bizâncio em 1304, com Teobaldo de Cepoy em 1307, com Gautier de Brienne, Duque de Atenas, em 1310...

As somas de dinheiro não eram exclusivamente empregues na remuneração dos almogávares e na logística das suas operações, pois também houve outros destinos que permitiam a continuidade da empresa. Parte do ouro do fabuloso saque conseguido por Rocafort na batalha de Gallipoli em 1305, foi empregue na contratação de espiões para acompanhar os movimentos dos bizantinos. A Companhia mantinha o critério das contas claras, prestando regularmente informação sobre o seu estado. Ramón Muntaner, um dos grandes capitães almogávares, desempenhou oficialmente essa tarefa durante mais de seis anos na época de maior esplendor da Companhia e depois do assassínio de Roger de Flor. O fluxo de dinheiro era tão claro que quando não eram cumpridos os contratos e se constatava haver má-fé por parte do parceiro contratante, a Companhia devastava as propriedades deste último para cobrir as suas necessidades. A pilhagem e a obtenção de despojos era uma prática comum na época. O que distinguia os almogávares residia no facto de considerarem este tipo de actuação como parte ou substituição do pagamento acordado e, portanto, formal e moralmente justificado.

Os órgãos de governo

A Companhia tinha um sistema de funcionamento muito original para a época. O órgão principal de governo era um Conselho, formado por representantes de todos os grupos da tropa, que assessorava de forma regular o seu Capitão quando surgia algum acontecimento extraordinário. O Conselho era o órgão que – através de um sistema "democrático" estranho, não encarado com muito bons olhos pelos nobres não espanhóis (estes já estavam acostumados a ele) da época – dava à tropa a possibilidade de nomear ou destituir o seu capitão em função da confiança que este transmitia. O Conselho limitava-se a ratificar e reforçar a confiança das tropas no seu capitão e a deste nos seus homens: confiança ganha em combate e na convivência em situações limite.

Em determinadas ocasiões, quando se considerava que o assunto tinha especial relevância, convocava-se a Assembleia geral de todos os homens. A avaliação da necessidade dessa convocatória costumava ser feita pelo capitão que normalmente tinha um critério adequado, levando em conta que, ao fim e ao cabo, era a tropa que julgaria tudo: o assunto em si, como o capitão o havia apresentado, e o próprio capitão em função da sua actuação.

Por numerosas vezes foi necessário que a Companhia convivesse em cidades com pessoas de outras culturas, que além do mais não eram guerreiros e que frequentemente encaravam os almogávares como uma ameaça para o seu modo de vida. Assim, durante a sua estadia em Cízico, depois da libertação de Artaki, e para facilitar a convivência com a população civil, Roger de Flor ditou normas de comportamento para uns e outros e formou um conselho (ou comissão) de doze pessoas: seis homens honrados da cidade e seis membros da Companhia para vigiar o seu cumprimento.

Depois da conquista da Anatólia em 1304, os almogávares foram chamados a Constantinopla numa tentativa de os afastar do seu desejo de vingança pela traição de Magnésia[17]. Flor reuniu o Conselho da Companhia e, embora parecesse que havia um acordo nesta reunião para arrasar Magnésia, foi decidido obedecer às ordens do imperador, tanto por estarem obrigados sob contrato, como por considerarem que o cerco a Magnésia poderia ser longo e pouco atractivo para a sua forma de lutar. O Conselho voltou a reunir-se ao receber instruções de Constantinopla para que se deslocasse até à capital somente Roger de Flor com um pequeno destacamento. O Conselho votou contra a sugestão de dividir as suas forças. Todavia, dado o carácter consultivo do mesmo, Roger de Flor decidiu seguir as instruções do imperador e a maior parte da Companhia ficou em Gallipoli, não sem antes formar uma unidade de escolta com os seus melhores homens para acompanhar o capitão. O Conselho reuniu-se mais uma vez em Gallipoli para decidir sobre a contraproposta do imperador[18] que Flor apresentou a todos os seus capitães, fazendo constar – para dissipar qualquer dúvida – todos os favores com que havia sido distinguido, a sua disponibilidade para prescindir deles, a sua decisão de continuar com os almogávares e a sua identificação com as armas de Aragão.

---

[17] Ver Anexo, no primeiro ponto referente ao ano 1304.

[18] Para apaziguar os almogávares que tinham começado a fazer justiça pelas suas mãos, o imperador ofereceu a Roger de Flor em feudo as províncias da Ásia Menor, com a condição de os almogávares acorrerem em defesa do imperador se fossem requisitados para isso, em troca de nenhuma contraprestação, a não ser uma quantia fixa anual de 30.000 escudos e 120.000 moios de trigo, ficando pendente o pagamento da dívida anterior.

A visita que Roger de Flor fez, em seguida, a Miguel, filho do imperador, antes de tomar posse como feudatário da península da Anatólia, foi igualmente precedida por outra reunião do Conselho, que a desaconselhou. Flor, no entanto, insistiu em fazê-la para manter, provavelmente, boas relações entre o feudo e a corte[19]. Não avaliou suficientemente que a distância mantida pelos seus capitães face a Constantinopla lhes permitia ver com mais clareza a inveja que despertava no Império e o perigo que constituía para Flor a visita que acabou com a sua vida.

Depois do assassínio de Flor, apresentaram-se duas alternativas no Conselho: uma de Entenza (que era quem tinha ficado no comando da tropa por indicação de Roger de Flor) e outra de Rocafort. Ambas apresentavam, com matizes distintos, uma clara intenção de não regressar a Espanha, para vingar o seu capitão e os seus companheiros de armas assassinados. Por último, foi escolhida a alternativa apresentada por Rocafort contra a proposta por Entenza, pelo que este ficava formalmente em segundo lugar (recorde-se o carácter democrático de decisão e escolha de capitão que tinham os almogávares). Este desdobramento do poder (a que não estavam acostumados os almogávares) foi solucionado de facto dividindo a força. Apesar da decisão do Conselho, Entenza fez os preparativos com os seus 800 almogávares para iniciar a ofensiva que achava melhor para todos, enquanto Rocafort se dedicou a preparar a defesa de Gallipoli dentro dos seus planos.

Depois de Entenza cair prisioneiro em 1305, Rocafort convocou uma Assembleia onde fez participar todos os membros da tropa (restavam 1.200 de infantaria e 200 a cavalo) tomando a decisão de afundar os seus navios[20] e defender a sua honra e a lealdade aos traídos. Por outro lado, o Conselho decidiu escolher uma "Comissão" que assessorasse de modo permanente Rocafort – algo novo até essa altura no funcionamento da Companhia – com a faculdade de impor um veto às decisões do seu capitão.

A reincorporação de Entenza, após o seu cativeiro entre 1305 e 1306, obrigou o Conselho a dividir de novo a força para evitar problemas inter-

---

[19] Flor pretendia um poder forte para a Companhia: "Relações duradouras entre os capitães. Credibilidade e exemplo à tropa. Partilhar o poder com os seus homens. Estabelecer relações com pessoas chave alheias à organização": as quatro regras indicadas por Juan Palacios Raufast em "Modelos, Filosofías y Configuración Institucional", Instituto Internacional San Telmo, Sevilha, 2006, Espanha..

[20] Quatro galés, doze navios de carga armados, um navio de duas pontes, e outros pequenos barcos.

nos: Rocafort ficou com o grupo mais numeroso, além de turcos e turcófilos. Entenza ficou com os seus homens mais os de Jiménez de Arenós. E Muntaner ficou como intendente-geral dos dois grupos e da retaguarda almogávar. A chegada do infante D. Fernando, em 1307, com uma proposta de reunificação das forças sob seu mandato e sob o pavilhão das armas de Aragão e da Sicília foi muito bem recebida pelos capitães nobres (Entenza e Arenós), mas não por Rocafort que via em perigo as suas ambiciosas aspirações. Nesta ocasião, os órgãos de governo foram manipulados por Rocafort que convocou uma Assembleia para nomear uma Comissão que informaria o Conselho sobre a conveniência ou não de apoiar a proposta de D. Fernando. Graças às suas artimanhas, ao relatório da Comissão (formada por fiéis a Rocafort), e à maquiavélica proposta de Rocafort, D. Fernando decidiu voltar para a Sicília, mantendo-se a Companhia dividida e provocando pouco depois o assassínio de Entenza e de parte dos seus seguidores.

Outra grande decisão do Conselho foi a nomeação como capitão da Companhia e governador de Atenas de um dos dois únicos cavaleiros inimigos que tinham sobrevivido à derrota que os almogávares tinham provocado ao Duque de Atenas em Zéfiro[21]. Os almogávares mantinham o seu sistema e órgãos de governo, mas nessa altura não dispunham entre eles da pessoa idónea para os governar, pelo que com uma sensatez invejável para os dias de hoje, escolheram Roger Deslaur para o cargo, tendo em conta a sua experiência e as referências que já tinham dele.

O poder

Os almogávares não eram *condottieri*[22] no uso tradicional do termo pois, exceptuando determinadas pessoas e casos concretos, não tinham especial ambição pelo poder. Depois de conquistarem praticamente toda a península da Anatólia, surgiram vozes entre os almogávares a propor a conquista dos Lugares Santos e dos que se situavam para lá das planícies do Tigre e do Eufrates, mas o Conselho dos capitães e Roger de Flor, em particular, fizeram-nos desistir disso, uma vez que poderiam ser talvez aventuras financeiramente atractivas, mas não estavam entre os seus objectivos. Praticavam uma autolimitação prudente do que se pode e do que não se pode

[21] Ver Anexo, no ponto referido ao ano 1311.
[22] Cf. Geoffrey Trease, *Los condotieros (soldados de fortuna)*, Aymá S.A. Editora.

conseguir: do poder próprio, do alheio e daquele ao qual se pode aspirar. Como efeito, "o poder actua bem se impulsiona o negócio e defende a continuidade da empresa"[23].

Antes de partir para a tomada de Artaki, Roger de Flor conseguiu que o imperador de Bizâncio concedesse o título de almirante do Império ao capitão almogávar Fernando de Ahones e lhe concedesse a mão de uma dama da família imperial. Poder-se-ia encarar esta exigência como ânsia de poder. Mas o que a Companhia queria realmente era assegurar aos seus navios de guerra o comando de um dos seus, com encargo militar de Bizâncio, o que a protegia de possíveis ataques de genoveses ou venezianos e assegurava a sua logística e possível apoio nas operações. Desta forma procuravam garantir uma relação estável com os poderes dominantes. Embora os almogávares fossem capazes de manter em guarda os impérios do Ocidente e do Oriente ao mesmo tempo, consideravam que era bom cultivar e manter relações com os restantes actores: nunca se dispõe de todo o poder e é sensato reconhecê-lo e governar de modo consequente. Do mesmo modo, era recomendável não despertar mais invejas do que as que fossem necessárias. Assim, no seu regresso a Constantinopla em 1304, a Companhia foi recebida com todas as honras. Contudo Roger de Flor, consciente das invejas criadas pelas suas operações – onde Miguel, o filho do imperador, tinha fracassado pouco antes com um exército de mais de 110.000 homens, – adiantou-se para lhe dar pessoalmente conta do sucedido, tentando de algum modo aplacar o seu ciúme.

O capitão era quem tinha o poder na Companhia mas estava sempre submetido à opinião da tropa, pelo menos teoricamente. O poder, portanto, estava perfeitamente definido, localizado e controlado. Quando Berenguer de Entenza entrou para a Companhia em Constantinopla, no ano de 1304, podia antever-se um possível conflito por se juntarem dois grandes capitães onde somente podia haver um. O bom senso, os princípios, o cavalheirismo, as boas relações e os seus sistemas de governo fizeram com que não houvesse fricções, mesmo apesar de Entenza ser nobre e Flor não. Nessas circunstâncias, Andrónico[24] – que tinha negado o pagamento a Roger de Flor – procurou criar divisões entre ambos e debilitar assim o poder real da Companhia, que já havia cumprido a sua missão fundamental de derrotar

---

[23] Juan Palacios Raufast, *Empresas bien configuradas*, Instituto Internacional San Telmo, Sevilha, 2006, Espanha.
[24] Andrónico II Paleólogo, (1259-1332), imperador de Bizâncio.

os turcos. Para isso, o imperador planeou investir Entenza com os mesmos títulos que Flor, tentando criar invejas e inimizades entre ambos. Quando Roger de Flor se apercebeu do que estava a acontecer, tirou a si próprio o gorro de Megaduque e impô-lo a Entenza durante a cerimónia de acolhimento do imperador a este último. Andrónico, vendo fracassada a sua manobra, nomeou Roger de Flor como César. Quando, por fim, o imperador pagou parte da sua dívida e o dinheiro foi enviado para Gallipoli, a fim de que os almogávares pudessem pagar a sua estadia e consumos, estes comprovaram que a moeda, a moeda do imperador, estava desvalorizada e não era aceite sequer pelos próprios bizantinos. Nessa altura, Entenza decidiu voltar com os seus homens a Gallipoli para partilhar venturas e desventuras com os que lá estavam. Ao passar com a sua galé diante do palácio imperial e observado por toda a corte, lançou pela borda fora todos os presentes e a quinquilharia correspondente ao título de Megaduque: "Esta acção, que nos gregos é condenada por ser muito infame e vil, foi a mais digna de louvor que este cavaleiro fez no Oriente; porque nem as honras nem os cargos o conseguiram afastar da justiça"[25].

A proposta de concessão da Anatólia – a título de feudo – a Roger de Flor e aos seus homens era, como já se referiu anteriormente, mais uma proposta no âmbito do 'dinheiro' que no da esfera do 'poder'. Não o pensou assim Andrónico que exigiu, antes de dar uma resposta, que metade dos homens da Companhia voltasse para a Sicília ou para a Espanha, posição rejeitada pelos hispânicos. Por outro lado, os genoveses – que viam perigar o seu poder e hegemonia comercial na zona, e receando que chegassem mais catalães, aragoneses e valencianos – conseguiram o apoio dos mercenários alanos (que já tinham tido uma importante desavença com os almogávares) e fizeram uma frente comum com os bizantinos para afastar a Companhia do seu território com as mínimas contrapartidas possíveis. Deve evidenciar-se que tão-pouco a concepção que os almogávares tinham do poder e a sua forma de o gerir era do agrado do imperador, provavelmente acostumado a outras formas de actuar menos revolucionárias para a época. É muito verosímil que não tivesse nenhum interesse em que o sistema de tomada livre de decisões dos almogávares fosse conhecido e tomado como exemplo. À oferta inicial de ceder a Ásia Menor em feudo, o imperador acrescentou 30.000 escudos e 100.000 moios de trigo na con-

---

[25] Francisco de Moncada, *Catalanes y aragoneses contra turcos y griegos*, Salamanca 2004, Espanha.

dição de que a Companhia se retirasse e deixasse unicamente uma força de 1.000 homens. Bizâncio não queria homens com uma tal capacidade guerreira nas imediações. Roger de Flor fingiu cumprir as instruções, despediu-se do imperador e distribuiu os seus homens por várias cidades. Por fim, decidiu apresentar-se e despedir-se de Miguel, filho do imperador, antes de ir para a Ásia Menor. A confiança nos seus sócios e a sua vontade de manter boas relações com eles custou-lhe a vida e aos 1.300 almogávares que lhe faziam escolta[26].

Além da estabilidade, a unidade de comando era essencial. Por essa razão, em 1304, o Conselho decidiu fragmentar a Companhia em dois grupos – um sob o comando de Entenza e o outro sob o de Rocafort – para evitar dúvidas sobre onde residia o poder. Perdia-se capacidade ofensiva ao diminuir o número total de homens por unidade operacional, mas aumentava-se a eficácia em cada grupo de forma muito mais significativa. Assassinado Flor e prisioneiro Entenza, Rocafort foi nomeado capitão da Companhia. É possível que o Conselho actuasse assim impulsionado pela chamada 'lei da crise', segundo a qual "em momentos críticos, o poder se volta para os que dispõem das competências ou recursos para enfrentar com sucesso a ameaça"[27]. No entanto, o Conselho limitou, em 1305, o poder do novo capitão: "...nunca se pode conhecer um homem, seja qual for a sua condição, até se lhe entregar o poder..."[28]. A verdade é que Rocafort, de origem humilde, tinha ascendido na Companhia da base até ao topo. Enfim, a Companhia resistia a ceder o poder absoluto, mesmo que fosse durante algum tempo, a uma pessoa que tinha demonstrado capacidade na luta, mas que não tinha experiência na prudência do comando.

Ao manipular, de forma ardilosa, a Assembleia Geral convocada em 1307 para nomear capitão D. Fernando, representante do Rei da Sicília[29], Rocafort demonstrou o seu interesse real pelo poder, algo que não havia ocorrido anteriormente nem com Roger de Flor, nem com Entenza ou

---

[26] Após os festejos, mercenários alanos contratados para o efeito assassinaram Roger de Flor e a sua guarda. Esperavam que os almogávares, sem chefe, se rendessem. Mas estes fizerem precisamente o contrário, iniciando a chamada "vingança catalã": devastam cidades e aldeias, derrotam os gregos, desbaratam um grande exército bizantino enviado contra eles, e executam todos os mercenários alanos.

[27] Juan Palacios Raufast, "Modelos, Filosofías y Configuración Institucional", Instituto Internacional San Telmo, Sevilha, 2006, Espanha.

[28] Cf. Ramón Muntaner, *op. cit.*

[29] Ver Anexo, no primeiro ponto referente ao ano 1307.

Arenós[30]. O Conselho tinha percebido claramente que, embora aquele capitão tivesse demonstrado amplamente a sua valia no campo de batalha, podia não ser a pessoa adequada para governar o grupo. A ambição e desejo pessoal de poder de Rocafort tinham ficado patentes em mais dois comportamentos, pelo menos: a sua actuação em Cristópolis, atiçando parte das tropas almogávares contra os seus irmãos e aproveitando a ocasião para assassinar Entenza; e a sua atitude para com o adepto de Entenza que Teobaldo de Cepoy lhe entregou em 1308, mandando que fosse enforcado sem consultar o Conselho[31].

A iniciativa

Em 1302, ao chegar a Artaki, Roger de Flor tomou conhecimento de que os turcos, que sitiavam a cidade, acabavam de tentar conquistá-la. Pensando que o inimigo não estaria muito longe, mandou explorar a zona embora a noite estivesse próxima. Depois de o localizar, ordenou o ataque de surpresa, apesar de a Companhia estar mais cansada do que as tropas turcas, que nunca tinham imaginado um ataque em tais circunstâncias. À sua iniciativa juntava-se a prudência: Flor proibiu que se perseguisse os turcos, por estar num território desconhecido e hostil.

Do mesmo modo, a iniciativa foi a chave do triunfo na batalha das Portas de Ferro em 1304, onde – perante um exército de 40.000 turcos – causaram mais de 18.000 baixas; ou na batalha de Céfiso, em 1311, onde as forças almogávares compostas por 4.000 homens derrotaram o exército do Gautier de Brienne, Duque de Atenas, composto por 8.000 homens a pé, 6.000 homens a cavalo e 700 cavaleiros[32]. A planície onde se ia efectuar a contenda favorecia Brienne e a sua cavalaria pesada, capaz de esmagar qualquer infantaria do seu tempo. O factor surpresa – quando e onde atacar – não estava sob controlo almogávar nessa ocasião. Mas estava sim na sua mão a iniciativa de inundar a planície criando um lamaçal que imobilizou a cavalaria inimiga, enquanto a própria, pequena mas ligeira, se movimentava à sua vontade com a infantaria.

---

[30] Fernando Jiménez de Arenós (?-1312?), Capitão de almogávares. Megaduque do Império Bizantino depois da morte de Entenza. Nobre aragonês com origens familiares em Valência. Lutou com Flor e com Entenza.

[31] Ver Anexo, no último ponto referente ao assassinato de Entenza, no ano de 1307.

[32] Entre estes 700 cavaleiros, estavam os que, na época, eram conhecidos como "esporas de ouro".

Também a prudência era patente na maioria das actuações da Companhia. Tanto depois de Artaki, de Filadélfia ou das Portas de Ferro, as tropas descansaram, como era prática habitual dos almogávares, durante as épocas de inverno ou de chuvas, em lugares expressamente escolhidos para isso (Cízico, Magnésia, Tira, Ania...). Os almogávares pensavam que não era preciso lutar contra os elementos e que, como Warren Buffet[33], as boas empresas requeriam tempo de desenvolvimento, e não precipitação. A prudência fez com que quando Entenza se integrou na Companhia em Constantinopla, tenha pedido ao imperador que lhe enviasse o seu filho João para ficar a bordo da sua galé como refém, enquanto a sua equipa desembarcava. Surpreende este cuidado, tendo presente o engano que sofreu por parte dos genoveses, que o fizeram prisioneiro e afundaram a sua frota. De acordo com memórias da época, a justificação para esta 'ingenuidade' pode ter a ver com o facto de Entenza ser nobre de Aragão e acreditar na palavra de pessoas nobres ou distintas, como pensava que acontecia com Doria, o almirante da frota genovesa.

Conclusões

A iniciativa responsável era uma das qualidades mais características dos almogávares. Por virtude dessa capacidade de iniciativa saíram do seu território natural em Aragão, foram para a Sicília e depois para todo o Mediterrâneo. Alentados por esse espírito de iniciativa, foram capazes de ganhar batalhas contra verdadeiros exércitos, em ocasiões vinte vezes mais numerosos.

As ideias claras sobre a geração e fluxo de fundos e sobre o posicionamento do seu negócio foram também chaves da sua permanência durante mais de oitenta anos em territórios ou "mercados" alheios, em circunstâncias de concorrência e alianças em permanente mutação tal como acontece no mundo comercial de hoje.

Mas talvez mais relevante tenha sido a abordagem que era feita na Companhia a tudo o que se relacionava com o poder:

---

[33] Cf. Warren Buffet: "O tempo é amigo dos bons negócios e inimigo dos medíocres...", em "Las Políticas de inversión de Warren Buffet en Berkshire Hathaway", *DGI-114*, Instituto Internacional San Telmo, Sevilha, 2002, Espanha.

OS ALMOGÁVARES: LIÇÕES DE GOVERNO CORPORATIVO

- Poder unificado: unidade de comando para evitar divagações, dúvidas ou más interpretações. Em situações limite, onde não se podia prescindir de duas linhas de pensamento e acção, preferem dividir a empresa de maneira que todos saibam o que esperar. Essa solução foi talvez a melhor alternativa face às situações extremas que viveram, mas teve os inconvenientes próprios do abuso de poder quando a pessoa que o exerce não é fiel aos princípios e às regras. Nestas circunstâncias, nem a previsão de dispor de órgãos de governo (o Conselho, a Assembleia-Geral, as comissões...) foram suficientemente eficazes para resolver os problemas com maior rapidez.

- Continuidade: estabilidade do poder, melhor ou pior encarnado, mas com uma continuidade justificada e com critérios definidos para mudar a sua atribuição em caso de evidência de incumprimento dos princípios. O capitão escolhido em Assembleia Geral era para todos os efeitos o governador de todos os soldados e das suas famílias. E o critério para a sua escolha era a confiança transmitida em função dos seus actos. Este mesmo critério era o que se podia usar para o destituir, algo que seria muito de desejar em muitas democracias actuais ou em muitos Conselhos de Administração[34]. A confiança não se baseava apenas na capacidade de fazer a guerra, mas também na de governar. Podia haver óptimos guerreiros entre eles, mas podia suceder, como ocorreu, que eles próprios reconhecessem que nenhum era a pessoa idónea para governar, procurando então outro candidato inclusivamente entre os seus inimigos.

- Pouco apego ao poder: com algumas excepções, os almogávares não tinham um interesse especial pelo poder, podendo afirmar-se que eram mais dirigentes do que governantes. Somente os capitães tinham de dedicar a sua atenção aos parceiros e aos restantes assuntos relacionados com o poder.

- Não herdavam o poder: o poder não era herdado de pais para filhos, nem muito menos propriedade de castas. Entre os combatentes da

---

[34] Cf. Warren Buffet: "A suprema ironia da direcção de empresas é que é muito mais fácil a um CEO inadequado permanecer no seu cargo, do que a um subordinado...", *ibidem*.

Companhia havia pessoas nobres e pessoas que não tinham nenhum título de nobreza, mas combatiam juntos e decidiam juntos o futuro da sua organização e, talvez o que é mais importante, partilhavam juntos princípios básicos: eram cristãos e lutavam sob o pavilhão do reino de Aragão.

- Uso correcto do poder: baseado na 'lei da reciprocidade' (as pessoas costumam comportar-se consoante o tratamento que lhes é dado); potenciado pela 'lei das relações' (contactos mutuamente vantajosos entre pessoas interdependentes, tanto dentro como fora da empresa). [35]

Os seus órgãos sociais davam apoio à sua concepção geral do governo para a sobrevivência do grupo:

- O 'Conselho': onde estavam representados todos os grupos combatentes e que se reunia para consulta e tomada de decisões nos momentos mais importantes. Parece que, em geral, era o capitão da Companhia quem convocava o Conselho mas, como é lógico, qualquer corrente de opinião justificada podia mover as suas influências para pressionar e conseguir a sua convocatória.

- A 'Assembleia Geral' de todos os combatentes da Companhia: provavelmente estas assembleias eram muito mais eficientes do que tantas outras convocadas em grandes empresas por assuntos laborais e políticos dos nossos dias. Recorde-se que nessas Assembleias, embora todas as pessoas tivessem a sua voz, também todos estavam mais ou menos ligados a um grupo ou unidade de combate e que os assuntos eram tratados com uma relativa ordem em circunstâncias normais. Juntamente com os princípios partilhados e a confiança no director da reunião (o capitão), isto facilitava muito a sua operacionalidade.

- 'Comissões especiais': para elaboração de relatórios, estudo e proposta de acções, para vigiar o cumprimento de normas, etc. Nalguns aspectos dá a sensação de que os almogávares se adiantaram sete

[35] Cf. Juan Palacios Raufast, *op. cit.*

séculos ao nosso tempo e plantaram os marcos de grande parte das práticas que deveriam ser habituais na empresa comercial actual. Foram um meio prático para levar a cabo o seu governo, embora tivessem os problemas habituais de qualquer actuação humana: tendenciosismo, falta de independência, manipulação...

As incursões eram feitas em territórios profundos. Não era só o litoral a ser objecto das suas acções, pois havia um espírito de permanência e nessas operações envolviam-se todos, incluindo as famílias. Não se tratava nunca de um passeio militar, visto que havia de pensar-se na melhor forma de fazer as coisas e depois levá-las a cabo com esforço e tenacidade. Terá esta situação alguma similitude com o que acontece hoje? Será que se percebe realmente no Ocidente que a China ou a Índia são muito mais do que o litoral ou as quatro cidades que se costumam visitar sempre em hotéis de cinco estrelas?

Que soluções se prevêem quando não forem cumpridos contratos ou tratados? Será que o Ocidente desembarca no Oriente para manter a sua hegemonia, ou pode ser que venha a suceder o contrário? E se o Oriente vem ao Ocidente, será para colaborar e vender, ou será para ficar no Ocidente e com o Ocidente?

Qual é o papel dos executivos responsáveis pela expansão? Perspectivam-se operações com pessoal para ficar ou para abrir o caminho? Orientam-se os acordos com uma abordagem real de colaboração, ou existe muito de depredação? Será que se escolhem e utilizam as melhores pessoas, as mais adequadas, para este tipo de operações? Serão pessoas com projecto ou puros *"condottieri"*?

Qual poderá ser a reacção dos parceiros quando descobrirem a realidade? Será que o Ocidente é uma unidade ou um conglomerado de alianças de vitrina, pactos secretos ou acordos efémeros, inclusivamente com os supostos concorrentes, em função dos resultados a um prazo muito curto? A existência de violência é patente, mesmo que não esteja declarada na forma de guerra, e entendê-la permite compreender em cada situação se se está perante uma empresa real, um mero negócio ou uma burla encoberta.

A configuração institucional, base da continuidade, não nasce nem se mantém sozinha: é preciso escolhê-la[36]. Também é preciso dispor dos ade-

---

[36] Cf. Valero e Lucas, *op. cit.*

quados órgãos que permitam levá-la a cabo e, por último, implementá-la da forma mais fiel possível. Salvaguardadas as distâncias e os cenários, as actuações dos almogávares mostram de que modo a sobrevivência de uma empresa humana está intimamente relacionada com o modo como tratam os assuntos de dinheiro, iniciativa e poder.

ANEXO

RESUMO DE DADOS HISTÓRICOS E ACTUAÇÕES ALMOGÁVARES

Século VI: Bizâncio conquista a Sicília.

Século IX: Os árabes conquistam a Sicília depois de terem prestado ajuda ao seu governador bizantino.

Século XI: Os normandos recuperam a Sicília para o Império do Ocidente.

Século XIII:

Aragão apoia a Sicília

- Pedro III o Grande de Aragão, que estava envolvido em operações contra os tunisinos, onde já utilizou os almogávares, aceitou o pedido de embaixadores sicilianos para lutar contra os franceses e desembarcou na Sicília, tomando Trápani, Palermo, Messina e Catona sem grande esforço. Destacaram-se nestas operações os almogávares, agindo como uma autêntica infantaria de marinha, e Roger de Lauria, como almirante que tomou Malta e Capri.

- **1295**. Jaime II de Aragão assinou a entrega da Sicília ao Papa. Contudo, Frederico o Almogávar, irmão de Jaime II, com o apoio dos sicilianos que não desejavam o domínio francês, foi coroado rei da Sicília no mesmo ano, com a firme oposição do Papa.

- **1296**. Roger de Flor, que tinha pertencido à Ordem dos Templários, da qual havia saído acusado de acumular uma fortuna, e que tinha grande experiência como marinheiro e como guerreiro, ofereceu os seus serviços a Frederico II, que os aceitou de imediato.

- **1299**. Roger de Flor operou na zona sem enfrentar directamente o seu homónimo Roger de Lauria que dispunha de uma frota maior, agora ao serviço do Papa, mas fazendo numerosas incursões contra comboios e navios, com cujo saque se pôde abastecer a ilha e pagar aos combatentes que apoiavam Frederico.

Século XIV:

- **1301**. Roger de Flor é nomeado vice-almirante da Sicília e conselheiro do rei. Chegou a formar um pequeno exército com o qual saqueava grande parte do Mediterrâneo.

Paz na Sicília e contratação dos almogávares por Bizâncio

- **1302**. Sendo iminente a assinatura da paz na Sicília, 5.500 almogávares chegam a Constantinopla contratados pelo imperador Andrónico para defender o seu Império e as suas relações comerciais com os genoveses (herdeiros dos privilégios que antes tinham desfrutado os venezianos) do invasor turco. Derrota dos turcos em Artaki com 13.000 mortos.

- **1303**. Assinatura da paz de Caltabellota, que reconhece Frederico como rei da Sicília, em troca da entrega dos castelos de Abulia e Calábria. Os almogávares ficam mais de vinte anos a combater no Mediterrâneo. Libertação de Filadélfia dos turcos que perderam a batalha com 20.000 homens contra 4.000 almogávares, 1.000 alanos e 1.000 romenos. Reintegração de Bernardo de Rocafort no resto da Companhia sob o comando de Roger de Flor, com 200 cavaleiros e 1.000 almogávares. Tinha ficado de lado, retendo os castelos da Calábria que faltava ceder após a paz de Caltabellota até lhe ter sido paga a quantia combinada.

Derrota dos turcos nas Portas de Ferro

- **1304**. Batalha nas Portas de Ferro (cordilheiras do Touro na actual Turquia) na qual os almogávares derrotam os turcos, causando-lhes 18.000 mortos, o que lhes permite dominar a Ásia Menor até às fronteiras arménia e síria. Entretanto, a Companhia sofre a traição dos seus aliados (gregos e bizantinos, com alguns alanos) que matam o grupo de almogávares que tinha ficado na Magnésia e apreendem o seu saque, pensando que a campanha da Anatólia tinha esgotado as tropas hispânicas.

- Roger de Flor desiste momentaneamente de tomar Magnésia e de punir o seu governador (Attaliota) e decide voltar a Constantinopla, cumprindo as ordens de Andrónico. O imperador recebe-o com espectáculos de diversão, mas comunica-lhe que não pode pagar o que deve à Companhia. Flor exige essa quantia com firmeza.

- Com Flor em Constantinopla, chega da Sicília o capitão Berenguer de Entenza à frente de 1.000 almogávares que foram recebidos com grande alegria pelo resto da Companhia.

- **1305**. Março: Roger de Flor, apoiado por Entenza, consegue a Ásia Menor em feudo e dispõe-se a despedir-se de Miguel, filho do imperador, embarcando nas galés de Fernando de Ahones com 1.300 homens e ficando a Companhia sob o comando de Entenza em Galípoli.

Assassínio de Roger de Flor

- Depois de dias de divertimentos, Miguel efectua uma emboscada e assassina Flor e os seus capitães, com a participação de alanos, turcópoles e bizantinos.

- A Companhia decide matar pela espada todos os bizantinos de Galípoli, acorrer em ajuda dos seus companheiros e declarar guerra a Bizâncio: 2.200 homens contra um exército de 30.000 homens de infantaria e 10.000 a cavalo.

- A comitiva de seis pessoas que se deslocou a Bizâncio para declarar oficialmente a guerra foi assassinada após a declaração. Em Galípoli, o Conselho dos almogávares divide a Companhia em duas: uma sob o comando de Berenguer de Entenza, a outra de Rocafort.

- Entenza, com 800 almogávares e cinco galés, toma a ilha do Mármara, Heracleia (a apenas 50 milhas de Constantinopla) e enfrenta Kaloioannes, filho do imperador Andrónico e o exército que este comandava.

Entenza cai prisioneiro dos genoveses

- A frota de Entenza depara com uma frota de 18 navios genoveses sob comando de Doria. Os genoveses furtam-se à batalha e com a bandeira branca enganam Entenza, fazem-no prisioneiro e acabam com a sua frota, matando 200 homens e aprisionando os restantes.

- Em Galípoli, o Conselho da Companhia cria uma Comissão de supervisão do seu capitão Rocafort. 1.200 homens de infantaria e 200 a cavalo derrotam o exército bizantino que os sitiava com 8.000 homens, conseguindo um importante saque que incluía 3.000 cavalos.

- Numa segunda batalha, a Companhia derrota o novo exército do imperador comandado por seu filho Miguel com mais de 36.000 homens e volta a refugiar-se em Galípoli.

- Jiménez de Arenós e 370 homens que se haviam separado da Companhia nos tempos de Roger de Flor, regressam (embora mantendo a sua independência), chegam às portas de Constantinopla e derrotam uma força de 2.000 homens de infantaria e 800 a cavalo enviada por Andrónico. Pouco depois, conquistam Madytos e tornam-na base de operações, enquanto o grupo de Rocafort continua as suas incursões por terras bizantinas. Ambos põem em perigo o próprio império bizantino do qual praticamente se haviam tornado donos e senhores.

- As forças unidas de Arenós e Rocafort atacam os alanos e exterminam os cúmplices assassinos de Roger de Flor. Entretanto, o capitão almogávar Muntaner, sob cujo comando havia ficado a base de Galípoli, derrota o almirante genovês Antonio de Spínola que tinha tentado assaltar a cidade com uma força transportada em dezoito galés.

Libertação de Entenza

- **1306**. Graças à intercessão dos reis de Aragão, Maiorca e Sicília, os genoveses libertam Entenza.

- Entenza chega a Galípoli com grande alegria da tropa almogávar e dos seus capitães Muntaner e Arenós, e não tanto de Rocafort que via em perigo o seu comando. Um novo Conselho dividiu as forças entre três grupos com três chefes diferentes: Rocafort, Entenza e Muntaner.

OS ALMOGÁVARES: LIÇÕES DE GOVERNO CORPORATIVO

- Rocafort continuou as suas incursões pela Trácia, Entenza decidiu tomar o castelo de Megarix e Muntaner, a partir de Galípoli, conseguiu um bom aliado genovês ao ajudá-lo a recuperar um castelo em Nova Foceia.

Chegada de D. Fernando da Sicília

- **1307.** Por mandato de Frederico II, rei da Sicília, apresentou-se o infante D. Fernando, filho do rei de Maiorca, para reunificar a Companhia e exigir fidelidade. Frederico estava interessado em conseguir parte do império de Bizâncio que estava em decomposição. O enviado foi muito bem recebido por Muntaner em Galípoli e por Entenza e Arenós, mas não por Rocafort, que via em causa o seu comando, pelo que preparou um Conselho extraordinário no qual maquiavelicamente fez D. Fernando desistir do seu mandato.

- A Companhia manteve-se, portanto, divida em três e depois da tomada de Nona (actual Nin) e Megalix, dirigiram-se para a Macedónia esperando encontrar terras menos empobrecidas que as de Galípoli, onde tinham permanecido mais de sete anos desde o assassínio de Roger de Flor. Dada a hostilidade das facções da Companhia, D. Fernando dispôs que Rocafort avançasse à frente com os seus homens e ele com Entenza e Arenós, um dia depois.

Assassínio de Entenza

- Nos arredores de Cristópolis, os homens de Rocafort detiveram a sua marcha, atónitos ao contemplarem as férteis terras que encontravam, enquanto, ao mesmo tempo, os de Entenza e Arenós continuaram a avançar e alcançaram-nos. Pensando uns na emboscada dos outros e estes no ataque daqueles, envolveram-se numa peleja que Rocafort fomentou, e que Entenza e Arenós tentaram parar, sendo o primeiro vilmente assassinado por um irmão de Rocafort. O infante D. Fernando terminou com a batalha e decidiu embarcar, cheio de tristeza, para a Sicília. Arenós, ao ver a atitude de Rocafort, que foi seriamente repreendido por D. Fernando, foi-se embora com trinta homens a colocar-se ao serviço de Andrónico Paleólogo, imperador de Bizâncio.

- A caminho da Sicília, D. Fernando encontrou-se com Muntaner que trazia todos os apetrechos da Companhia. Muntaner, ao saber dos acontecimentos, decidiu regressar também à Sicília depois de prestar contas no

Conselho como administrador que era de toda a Companhia e mostrar a sua indignação pelo que ocorrera.

- Ao regressar, D. Fernando descobriu que uma equipa de homens que havia deixado ali para abastecimento, havia sido assassinada e roubada pelos venezianos, pelo que saqueou Halmyros e a ilha de Skopelos, que estavam sob protecção de Guy de la Roche, duque de Atenas. Nesta altura, venezianos (que tinham conseguido afastar os genoveses da corte bizantina) e franceses eram aliados e à sua frente encontrava-se Teobaldo de Cepoy, que operava directamente sob as ordens de Carlos de Valois, o qual reclamava o império bizantino.

- Por uma traição dos venezianos e de Cepoy em Negroponte, D. Fernando e Muntaner foram feitos prisioneiros e saqueados, enquanto Rocafort decidiu estabelecer a sua base na Macedónia em Calandria, cidade situada na península da Calcídica, com o objectivo de conseguir alguma coroa para a sua cabeça.

- Cepoy procurou atrair Rocafort para convencê-lo a aceitar ser chefe nominal da Companhia em nome de Valois e entregou-lhe Muntaner e um seguidor de Entenza. Rocafort enforcou de imediato este último sem reunir o Conselho. Todavia respeitou a vida de Muntaner, que era muito apreciado por todos os homens da Companhia.

Às ordens de Carlos de Valois e de Teobaldo Cepoy

- Apesar do despotismo de Rocafort, a Companhia aceitou as condições de lutar ao serviço de um francês (seu inimigo tradicional), pois era a única forma de conseguir o seu sustento e era preferível continuarem a ser comandados por um espanhol, mesmo que fosse Rocafort, do que por um francês. Para essa escolha foi convocado o Conselho, o qual exigiu a devolução dos bens de Muntaner.

- Enquanto Muntaner regressava à Sicília e procurava conseguir a libertação do infante D. Fernando, Rocafort dirigiu-se para Salónica onde os almogávares sofreram uma séria derrota. Este desaire deveu-se tanto à falta de convicção e motivação (por combater ao serviço do francês), como ao esgotamento produzido pelo esforço de suportar um capitão déspota que não respeitava os princípios, nem as observações que lhe fazia a "Comissão" criada para sua assessoria. O que desencadeou a ruptura foi a tentativa de Rocafort de se apropriar de bens e mulheres dos almogávares mortos que causou mal-estar na tropa.

Assassínio de Rocafort

- Consciente desta rejeição, Cepoy tentou reunir os almogávares que mais se opunham a Rocafort e convocou outro Conselho, no qual vieram à luz do dia todas as tropelias do até então capitão, que foi preso e acorrentado juntamente com os seus homens mais próximos. Os almogávares, honrando os seus princípios, pediram a Cepoy que protegesse Rocafort e que não fosse morto. Mais uma vez aqueles magníficos combatentes foram enganados e Rocafort foi entregue ao rei de Nápoles que lhe passou factura pelos dois castelos que Rocafort não quis entregar em 1303 e o emparedou.

- Quando a Companhia soube, os capitães que tinham detido Rocafort foram esfaqueados e a Companhia ficou novamente sem líder, pelo que um novo Conselho decidiu escolher quatro membros que, juntamente com o conselho dos doze, os governaria até encontrarem o chefe de que necessitavam.

Às ordens de Gautier de Brienne, Duque de Atenas

- **1310.** A Companhia continuou na zona, contratada pelo Duque de Atenas para proteger o seu ducado. Os almogávares regressaram às pelejas, mas o pagamento prometido nunca aconteceu quando o Duque considerou que já não precisava deles. A Companhia retirou-se para a Tessália, de modo a passar o inverno seguinte e reiniciar as suas actividades num ambiente cada vez mais hostil: de venezianos, bizantinos e gregos contra os almogávares.

Conquista do Ducado de Atenas contra o Duque

- **1311.** O Duque de Atenas, pensando que os almogávares já não tinham nenhuma capacidade militar, organizou uma batalha-torneio, conhecida como a batalha de Céfiso, para a qual convidou os mais selectos cavaleiros da época, para se entreterem a golpear os restos da Companhia. Todavia, esta última venceu, restando como sobreviventes e cativos somente dois nobres, um dos quais, Roger Deslaur, seria nomeado capitão e Duque de Atenas por um Conselho dos almogávares, tendo em conta a sua nobreza e experiência no governo do Estado que acabavam de conquistar.

- **1312**. Foi colocado à frente da tropa Berenguer de Estañol, enviado pelo rei da Sicília como regente em nome de Manfredo, filho daquele. Deslaur foi nomeado duque de Salona.

- **1316**. Morre Estañol e, pouco depois, também o infante Manfredo, sendo nomeado capitão um filho natural do rei da Sicília. A Companhia invadiu a Tessália após a morte sem sucessão do seu rei e tomou a sua capital, Neopátria. Assim, o Ducado de Atenas ficou unido ao de Neopátria e à coroa de Aragão e de Espanha até à chegada dos Bourbons.

1388. A Companhia manteve-se na zona até este ano, em que entregam Atenas ao florentino Acciajuoli, oitenta e cinco anos depois da sua chegada a Constantinopla com Roger de Flor.

D. Nuno Álvares Pereira
A Liderança como forma de vida
Ana Loya

"Mas nunca foi que este erro se sentisse
No forte Dom Nuno; mas antes,
Posto que em seus irmãos tão claro o visse,
Reprovando as vontades inconstantes,
Àquelas duvidosas gentes disse,
Com palavras mais duras que elegantes,
A mão na espada, irado e não facundo,
Ameaçando a terra, o mar e o Mundo..."

Luís de Camões (*Os Lusíadas*)

Terá nascido a 24 de Junho de 1360 provavelmente em Cernache do Bonjardim o filho do Prior D. Álvaro Gonçalves Pereira e de Dª. Iria Gonçalves do Carvalhal, aquele que foi um dos homens mais poderosos da história do seu tempo: D. Nuno de Álvares Pereira, também conhecido como o Condestável do Reino, o Santo Condestável e, desde 2009, São Nuno de Santa Maria.

D. Nuno foi legitimado por D. Pedro I quando tinha um ano de idade. Cresceu na corte de D. Fernando onde foi feito Cavaleiro com 13 anos. Desde muito cedo, talvez fruto da literatura de cavalaria da época (o "Amadis de Gaula", "El Cid" e o "Rei Artur e os Cavaleiros da Távola Redonda") destacou-se nele o fascínio pelo mítico Rei Artur, identificando-se com Galaaz, usando a sua espada em nome de Portugal, sempre em busca do Santo Graal. Ao longo da sua vida revelou uma profunda devoção a Nossa Senhora. Aliás este amor a Maria torna-o o grande obreiro da Ordem do Carmo em Portugal, onde depois de ter construído diversos Conventos, nomeadamente o Convento do Carmo em Lisboa, acaba os seus dias como irmão donato, em pobreza, oração e longe do campo de batalha.

Viveu num dos períodos mais difíceis da história de Portugal. Possuía uma visão para Portugal, tendo escolhido o Mestre de Avis (mais tarde D. João I) como seu futuro rei na crise de sucessão causada pela morte de D. Fernando. Dirigiu batalhas lendárias contra espanhóis, franceses e portugueses que se opunham à Casa de Avis. A sua filha Beatriz vem a casar com Afonso, filho de D. João I e este casamento funda a Casa de Bragança.

Fica para a História como um dos maiores líderes, dos maiores dirigentes, dos maiores Santos de Portugal. Nem sempre e nem para todas as pessoas se sabe ou percebe que se trata de uma única pessoa. Há sobre ele várias lendas mas também uma vasta investigação enquanto homem da História, génio militar, místico virtuoso, destacando aqui as crónicas de Fernão Lopes, Oliveira Martins e Pinharanda Gomes, entre outros. No entanto, o trecho que mais me impactou sobre esta influente figura do século XIV encontrei-o no livro da autora inglesa G. Leslie Baker que, a dada altura, escreve: "Foi ali [no Convento do Carmo em Lisboa] nessa pequena cela, tristonha e toscamente construída que, aos 62 anos de idade, a envelhecer, fixou residência permanente aquele que tinha sido Condestável de Portugal, Conde de Ourém, Arraiolos e Barcelos, Mordomo-mor do Rei, senhor donatório das cidades e vilas de Valença, Basto, Baltar, Bouças, Penafiel, Portelo, Castelo de Piçonho, Chaves, Barroso, Ribeira de Pena, Monte Alegre, Paiva, Pousada, Almada, Alvaiázere, Rabaçal, Charneca, Porto de Mós, Vila Viçosa, Rio Maior, Borba, Estremoz, Évora, Montemor, Alter do Chão, Monsaraz, Vilar de Frades, Vidigueira, Loulé, etc... De toda esta grandeza, apenas levava para o mosteiro a roupa que trazia vestida e os seus relicários"[1].

---

[1] Cf. Leslie Baker, *Vida e Obra de D. Nuno Álvares Pereira – o Santo Condestável*, Via Occidentalis, Lisboa, 2008, p. 211.

Personalidade e Carácter

Não vamos recapitular os relatos, acontecimentos e factos que podem ser encontrados em quase todos os textos sobre este homem da história de Portugal e da Europa: a sua origem, a sua vocação, o seu papel na independência de Portugal, as Batalhas de Atoleiros, Valverde e Aljubarrota, o seu casamento, a sua viuvez, o seu amor a Nossa Senhora, à Eucaristia e ao Carmelo, a sua riqueza, o seu despojamento, o modo como viveu os últimos oito anos de vida.

Em todas as fases da sua vida, Nuno mostrou sempre uma personalidade forte e convicta alicerçada em valores muito sólidos: patrióticos, familiares, de cavalaria romântica e transcendente, de profunda espiritualidade. Um dos aspectos que destacarei em primeiro lugar prende-se com a sua notória capacidade de tomada de decisão, revelada muito precocemente, sempre de acordo com a visão que tinha do presente e do futuro e alicerçada na profunda incorporação dos seus valores. Considero muito interessante saber-se que, não obstante a sua lealdade, foram várias as vezes em que transgrediu com desassombro a ordem vigente. Sabe-se que desobedeceu à sua família, quando se colocou decididamente ao lado do Mestre de Avis contra o Rei de Castela; desentendeu-se publicamente com D. João I devido à política proposta para as doações régias e, algumas vezes, desobedeceu-lhe relativamente à estratégia militar. Sabe-se que nas vésperas de Aljubarrota terá havido uma reunião em Abrantes onde D. João I esteve prestes a ceder à pressão de muitos que queriam o adiamento da batalha, dada a desigualdade de tamanhos dos dois exércitos. Nessa altura terá endurecido e deixado a reunião sem autorização o que levou alguns nobres presentes a instigar D. João sobre a sua desobediência. Mas o rei confiou (partilhava a visão do Condestável), procurou-o e a estratégia da batalha que já estava delineada avançou[2].

Esta mesma determinação leva-o a ingressar aos 62 anos como donato no Convento do Carmo. O homem mais poderoso do reino, após doar todos os seus bens e ao ingressar no convento terá embaraçado o próprio Rei que lhe chegou a pedir para parar de mendigar pelas ruas, por o considerar indigno para o ex-Condestável – e, provavelmente, para si próprio. Nuno ignorou o pedido e continuou a pedir para os pobres. Manteve-se

---

[2] Cf. *Crónica do Condestável de Portugal*, autor anónimo.

sempre obediente aos seus princípios e, nesta fase da vida, terá substituído Galaaz pelo Profeta Elias a cuja imagem no convento terá oferecido a sua espada de batalha. Referem os relatos da época que aí terá usado as grandes panelas que serviram nos campos de batalha para fazer sopa, conhecida como "sopa dos pobres" para ajudar a matar a fome aos muitos pedintes de Lisboa que afluíam ao Carmo.

Poder e autoridade

Em segundo e em continuidade gostaria de reflectir sobre a sua capacidade directiva. A sua carreira política e militar bastaria para o tornar uma referência.

Dirigia operativamente porque ele próprio 'fazia'! Estratega brilhante, militar exímio, conduziu os seus homens nas muitas batalhas realizadas nessa época (Atoleiros, Valverde, Aljubarrota, entre outras), porque ele próprio avançava – componente do seu carácter tão inspirado em Galaaz. Inteligente e com formação, educação e capacidades cognitivas superiores, detinha os conhecimentos e a informação necessárias para dirigir as estratégias militares: 'sabia'! Dava o exemplo através do conjunto dos seus comportamentos. Deste modo, para além do poder que lhe era atribuído pelos postos que ocupava, D. Nuno tinha a autoridade concedida pela reputação do seu exemplo. Os seus homens confiavam nele, o seu Rei confiava nele. Todo este conjunto de circunstâncias, afectos, carácter e confiança alicerçados na pessoa que Nuno Álvares Pereira 'era', concediam-lhe a postura de liderança que poucos conseguem na história.

Geriu e dirigiu os seus com respeito, com valores, tentando edificar as pessoas à sua volta. São Nuno procurou edificar a vida pessoal dos soldados que lutavam com ele. Viam-no a praticar a sua fé, a participar activamente nos Sacramentos. Promoveu valores familiares à sua volta. Terminou com as práticas de prostituição itinerante que conviviam com as tropas. Quando se retirou para a clausura do Convento, foi acompanhado de pessoas que trabalharam e combateram a seu lado. Era um exemplo a seguir. Para ele a liderança era uma forma de vida.

O arco-íris da carreira

Em terceiro lugar, gostaria de olhar para Nuno Álvares Pereira com um filtro de Psicóloga e profissional dos Recursos Humanos. Vemos nele todas as competências que transformam um dirigente em líder! A sua inteligência, os *clusters* de características, capacidades, valores e motivações que o dotaram de um carisma invulgar, excepcional e, praticamente, inédito na nossa história. Não falo só da sua personalidade. Nem das suas motivações – será que mudou tanto ao longo da sua vida? O nosso sistema nervoso (central e periférico) é, em grande medida, responsável por muitos dos nossos actos. Tal como nos animais. Muitos autores defendem que a personalidade é directamente influenciada pelas alterações e características do sistema nervoso. Tal como nos animais das espécies mais evoluídas. O que nos distingue, o que é próprio do ser humano, o que está inteiramente ligado à percepção do *Self* é a consciência, consciência de si mesmo e dos outros, do bem e do mal, é o Carácter. Estudar a sua personalidade e tentar entender o seu carácter, identificando quais os aspectos e factores críticos que o diferenciam das outras pessoas, poderá iluminar e inspirar os variadíssimos autores que continuam a desenvolver novas teorias antigas (algumas tão antigas!) sobre Talento, Potencial, Inteligência Emocional e Liderança. Podemos ensinar a dirigir! Nalguns casos, podemos ajudar a liderar: numa situação, num contexto específico. Mas 'criar' um verdadeiro líder, que inspire, transforme, mude e permaneça, cabe inteiramente ao carácter do próprio indivíduo.

Foi um homem vertical. Poderoso como poucos do seu tempo, a sua origem (filho ilegítimo, como aliás todos os seus irmãos e irmãs) não lhe granjeou, logo à nascença, a condição privilegiada com que viveria posteriormente e muito menos a carreira brilhante que teve. Mas também não a impediu. Ganhou-a. Com bravura, com inteligência, com carácter e com trabalho.

Penso nas teorias vocacionais mais recentes (Mark Savickas, 2005[3] e Donald Super[4]) que nos ajudam a compreender o processo interpretativo e interpessoal pelo qual construímos sentidos e dirigimos o nosso comportamento vocacional e portanto a nossa carreira, fazendo escolhas, rejeições e/ou sendo apanhados pelas circunstâncias. De fundamental importância é destacar as estratégias de adaptabilidade de carreira que devem ser ana-

---

[3] Mark L. Savickas, *Um modelo para a avaliação de carreira.*

[4] Donald E. Super, "Career and life development", em D. Brown, L. Brooks &cols. (Orgs.), *Career choice and development: Applying contemporary theories to practice*, San Francisco, Jossey--Bass, 1984.

lisadas contextualmente tendo como referência o momento histórico, as situações locais e os papéis sociais.

A imagem brilhante que Donald Super nos apresenta em 1984 – o arco--íris da carreira – pode (e deve) ser visto como o arco-íris da vida. A carreira no seu todo, como um arco-íris onde cada papel que desempenhamos ocupa uma curva de cor. São papéis que vamos articulando: como filhos, estudantes, profissionais, esposos, celibatários, cidadãos, reformados, etc. Um imenso conciliar de palcos e papéis onde devemos ser correctos, exemplares e coerentes. Não é a sua carreira que faz de Nuno de Santa Maria um grande homem. É a forma como a viveu. É o invariante, o denominador comum que se extrai deste modo de vida, que faz dele um herói, um marido, um pai, um leal servidor, um patriota, um exemplo e, para muitos, um santo. Um dirigente e um líder.

"Para a estrada se ver..."

John Kotter (Harvard Business School) que acompanhou a gestão de centenas de empresas e seus dirigentes durante mais de 30 anos, conseguiu aproximar-se do sumário sobre as expectativas que devemos ter de um líder[5]:

Em primeiro lugar tem uma visão: define a direcção a seguir, desenvolvendo uma visão de futuro e as estratégias para a alcançar. Em segundo une: envolve e persuade os outros, comunicando perfeitamente a direcção a seguir. Influencia, cria equipas e aproveita todos os pontos fortes existentes. Em terceiro inspira: motiva e respeita! Leva as pessoas envolvidas a ir mais longe, a dar o melhor de si, mesmo em circunstâncias aparentemente adversas. E, como consequência dos anteriores, produz mudança! Este é normalmente o efeito de uma liderança real!

Tudo isto se consegue ver na carreira de Nuno Álvares Pereira: Tinha uma visão para Portugal, sabia comunicar a direcção a seguir. Dirigia as suas tropas (muitos seguiram-no para o convento) e inspirava actos heróicos, mesmo quando as suas tropas estavam em clara minoria.

Viveu num dos períodos de maior crise e mais difíceis para Portugal. Tal como hoje, sete séculos depois! Neste início do século XXI a pátria do Santo Condestável vive de novo momentos de necessidades, grande desânimo, pobreza, des-referenciação e aculturação histórica. A globalização

---

[5] Cf. Chris Lowney, *Liderança Heróica*, Verbo, 2006

ainda está em processo[6]. Mas, a Europa global de raiz cristã está cada vez mais laicizada, sem identidade e, portanto, sem saber quem é. Não sabendo quem se é, não se pode saber para onde se vai!

Apesar de tudo, apesar de tão claro, o único que podemos saber de certeza é que a sua vida ímpar (representado em simultâneo como o Cavaleiro herói e como o Santo despojado) nos inspira, muda algo em nós, tantos séculos depois. Também a nós nos interpela D. Nuno, como diz Fernando Pessoa na "Mensagem":

"Que auréola te cerca?
É a espada que, volteando,
Faz que o ar alto perca
Seu azul negro e brando.

Mas que espada é que, erguida,
Faz esse halo no céu?
É Excalibur, a ungida,
Que o Rei Artur te deu.

Esperança consumada,
S. Portugal em ser,
Ergue a luz da tua espada
Para a estrada se ver!"

---

[6] Cf. Pankaj Ghemawat, *World 3.0*, Harvard Business Review Press, 2011.

D. João II de Portugal. A escolha do futuro*
Pedro Rosa Ferro

"Três vezes do leme as mãos ergueu,
Três vezes ao leme as reprendeu,
E disse no fim de tremer três vezes:
«Aqui ao leme sou mais do que eu...»"

Fernando Pessoa (*Mensagem*)

Ao contrário do seu sucessor, D. João II não foi 'feliz'. Morreu amargurado – e talvez envenenado – aos 40 anos (em 1495), sem herdeiros directos legítimos. Mas foi cognominado 'príncipe perfeito' e o seu reinado – pesem embora as controvérsias – foi tudo menos anódino. Terá sido um príncipe 'maquiavélico' e duro, impulsionador com mão de ferro da expansão marítima, centralizador do poder e zelador da 'razão de Estado'[1]. Mas, segundo parece, houve um projecto joanino – combinando elementos da tradição medieval com traços de modernidade – que corporizava uma visão para Portugal, num horizonte estratégico quase-planetário de quatro continentes[2]. Nesse âmbito, patrocina as viagens seminais de Diogo Cão, Bartolomeu Dias, Afonso Paiva e Pêro da Covilhã; alenta a doutrina do

---

* Nota: Agradeço a Luís Miguel Viana e a Paulo Miguel Martins comentários e sugestões sobre este ensaio.

[1] Cf. Nuno Gonçalo Monteiro, "A Monarquia e as conquistas (1481-1557)", em Rui Ramos (coordenador), *História de Portugal*, A Esfera dos Livros, Lisboa, 2009, pp. 200 e seguintes.

[2] Cf. Luís F. Tomás, "O Projecto Imperial Joanino", em *De Ceuta a Timor*, DIFEL, 1994.

Mare Clausum; negoceia e assina o Tratado de Tordesilhas. E, entretanto, consegue diplomaticamente complicar e conter o dinamismo centrípeto castelhano-aragonês dos Reis Católicos.

Sair do vermelho, rumo ao 'Oceano Azul'

D. João II enfrentou várias alternativas estratégicas e procurou manter-se presente nos diversos tabuleiros em que Portugal podia jogar e ganhar (ou perder): basicamente, a Península Ibérica[3], e o mar (Atlântico Sul e Índico). A primeira frente vinha de antanho e viria a arrastar-se por décadas sem fim. O espectro castelhano pairou na política externa do reino, entre alianças mutuamente vantajosas, conflitos, pazes e OPAs mais ou menos amigáveis, em teoria, mas de facto hostis à autodeterminação portuguesa, uma vez que – dado o desequilíbrio da relação de forças – qualquer 'fusão' equivaleria a absorção. Neste âmbito, a actuação do Rei foi assaz prudente, embora a 'questão ibérica' tivesse permanecido em aberto. Ao mesmo tempo, procurou diversificar a política de alianças, para aliviar a dependência diplomática de Castela: celebra um tratado com Carlos VIII de França, e renova e reforça a velha aliança com Inglaterra[4]. Analogamente, a política de alianças de uma empresa – que equivale aos 'negócios estrangeiros' de um Estado – é uma tarefa importantíssima da Alta Direcção, pela sua estreita relação com a escolha do futuro, mais precisamente com a capacidade de decidir autonomamente sobre esse futuro.

Mas foi na exploração marítima que D. João concentrou os seus esforços, marcando decisivamente o futuro do país. Ora, a escolha e realização do futuro é a grande missão do governante[5]: dirigir é levar algo para a frente, numa determinada direcção. Implica um fito (uma ideia, um projecto), um caminho e o impulso necessário para o levar a cabo. Enfrentar o futuro não é, portanto, uma questão de optimização: é uma questão de

---

[3] Por exemplo, o casamento do seu filho D. Afonso de Portugal, ainda criança, com Isabel de Aragão, herdeira dos reis católicos, poderia consumar a união ibérica sob a coroa portuguesa.

[4] Sabe-se do interesse de D. João no casamento de D. Joana, irmã do rei (conhecida por Santa Joana Princesa) com o famigerado Ricardo III, rei de Inglaterra (o mesmo que Shakespeare retrata). De qualquer modo, esse projecto não foi avante: Joana não queria casar, por boas razões, e Ricardo morreu entretanto na batalha de Bosworth.

[5] Cf. José Luís Lucas e António Valero, *Política de Empresa*, Edições AESE, Lisboa, 2002, pp. 77 e seguintes.

iniciativa. Parte do diagnóstico realista e objectivo da situação presente. Por exemplo, parece que o pioneirismo da expansão portuguesa – e portanto a escolha desse futuro concreto – não foi alheio à relativa pobreza do reino e à sua condição periférica e distante face aos centros de poder da época[6]. Mas o futuro também não está pré-determinado pelas restrições existentes. Convoca juízos de oportunidade, avaliação dos riscos e ameaças prováveis dos futuros alternativos, de outros factos relevantes e suas interacções. E depende também de uma vontade forte. Depois, a escolha do futuro concretiza-se em ideias sobre o que é preciso fazer: identifica objectivos desejáveis e selecciona os que são razoáveis e possíveis. Por fim, procede à gestão dos meios. Em todo o processo, intervêm decisivamente a personalidade e condições subjectivas dos dirigentes.

Na escolha e realização do futuro a execução é tão importante como a concepção. Na gesta dos descobrimentos há realmente aquela mistura de sonho e acção que fazem os grandes empreendimentos (aliás, qualquer empreendimento). E na acção, há operações de mar e terra. O mar alto e salgado é símbolo do novo e incógnito, do que é líquido e instável, mutante e aventuroso. A terra firme é símbolo do planeamento, organização e burocracia necessária, do apuro caligráfico dos contabilistas, da ordem meticulosa, dos erários e registos, carimbos e chancelas, que infraestruturam, prosaicamente, o sonho colectivo. D. João II parece ter cuidado de ambas dimensões. O seu horizonte ia do Brasil à Índia e implicava contornar o Cabo[7]. Para o alcançar, fez o trabalho de casa: promoveu as investigações astronómicas (para orientação no hemisfério sul) e a prospecção do sistema de ventos, por exemplo. Depois, avançou: recolheu informações de forma sistemática; e organizou a exploração e penetração geográfica e comercial na costa ocidental africana. Entretanto, através de esforços diplomáticos, procurou reservar para Portugal a influência sobre terras e mares, descobertos e a descobrir.[8]

---

[6] Cf. Nuno Gonçalo Monteiro, *idem*.

[7] A motivação de D. João II seria ainda 'medieval' em vários sentidos: desenvolver um projecto imperial português, à maneira tradicional, embora com horizontes modernos; por outro lado, debilitar e esmagar o bloco islamita, arrebatando-lhe o domínio do comércio no Índico (que seria a fonte dos seus recursos). Ver. Luís F. Tomás, *op. cit.*, *ibidem*.

[8] Cf. Luís F. Tomás, *op. cit.*, pp. 161-165.

Sistemas de convivência organizacional. A 'Grei' e os Painéis de S. Vicente

Antes de lançar mãos à obra, D. João teve de enfrentar e clarificar questões de poder, pela afirmação da supremacia do poder real face às Casas da grande nobreza[9]. Fê-lo de um modo talvez impiedoso e brutal, embora seja difícil – sem anacronismo – distinguir na conduta do rei entre o que poderia ser legítima defesa e o que seria condenação e execução arbitrárias de inimigos figadais.

O que interessa realçar agora, todavia, é que a auto-continuidade da empresa depende fortemente da estabilidade e identidade do poder[10] e que nos momentos de fundação ou refundação (como poderia ser considerado o caso de D. João II, quando Portugal ensaiava um novo conceito estratégico – transcendendo o retângulo original e a fixação marroquina – e assumia uma 'personalidade' marítima e ultramarina) essa identidade está muito ligada à autoridade pessoal, capacidades e iniciativas do refundador (neste caso, o rei).[11]

Resolvida a questão do poder, D. João II terá favorecido e desenvolvidos novos 'sistemas de convivência', coerentes com o esforço colectivo exigido pelo projecto oceânico de um 'mar português' e de além-mar. Esse projecto, como qualquer negócio, reclamava a participação e contribuição de todos, necessitava da combinação de todas competências profissionais. D. João II terá inaugurado o conceito político de 'grei', como entidade inclusiva e aberta, congraçando todos os grupos sociais e profissionais em nome daquele desígnio comum. O políptico dito de S. Vicente pode ser interpretado como um manifesto político e retrato dessa consciência colectiva[12]. Aí vemos o ainda príncipe D. João e o rei D. Afonso V seu pai, nobres cavaleiros, clérigos purpurados, frades e doutores, mareantes e mercadores, vereadores municipais, cristãos e judeus, todos compenetrados não apenas

---

[9] Cf. Nuno Gonçalo Monteiro, *op. cit., ibidem.*

[10] Refiro-me a condições normais, no médio e longo prazo. Ao contrário, em casos excepcionais, pontualmente, a auto-continuidade da empresa pode mesmo exigir rupturas em vez de estabilidade.

[11] Cf. Lucas e Valero, *op. cit.*, cap. VII.

[12] Ver José Sarmento de Matos, *A Invenção de Lisboa II*, último capítulo. Como é evidente, não presumo ter opinião nas disputas sobre as múltiplas interpretações e sofisticadas congeminações sobre os Painéis.

na veneração do Santo – seja ele quem for[13] – mas também no propósito partilhado. Chama a atenção nesse políptico – dado o espírito do tempo – o judeu de Tora nas mãos e estrela no peito. Sábios, cartógrafos, astrónomos e matemáticos, como Abraão Zacuto[14], os judeus são componente relevante do *back-office* e do 'pessoal de terra' da expansão marítima, particularmente na área de I&D&D. A empresa dos descobrimentos aproveitou e valorizou a diversidade, a interdisciplinaridade e o *team-building*. De resto, nenhuma sociedade pode realizar satisfatoriamente e sustentavelmente os seus fins se não conceder aos seus membros sentido (para o seu esforço e trabalho), estatuto (reconhecimento) e função (aquilo em que contribui para o bem comum).

'The vision thing' e a 'boa esperança'

Do mesmo modo, nenhuma comunidade política, nenhuma organização pode subsistir sem a expectativa de um futuro nobre e melhor. Esse futuro tem que ser 'escolhido'. Ninguém pode caminhar – ninguém pode investir, empreender ou sequer dirigir – sem esperança: precisamos de esperanças, maiores ou menores, precisamos de projectos, de projecções no futuro, para nós e para as nossas organizações. Manter acesa essa chama, associada a uma visão própria do negócio, é aliás uma missão indeclinável da Alta Direcção.

Uma visão clara de um futuro nobre pode ter um efeito mobilizador, alinhador e catalisador das melhores energias de uma empresa. Ao contrário, sem objectivos claros, atractivos e partilhados, a hierarquia, estrutura e organização tomam-se como fins em si próprias, autoalimentam-se, engordam, rigidificam, enquistam-se e corrompem-se[15]. E a empresa esmorece. Mas não basta um ideal ou uma visão. A miopia estratégica é um defeito, mas também o é o excesso de visão, a fantasia. O dirigente não é essen-

---

[13] Os especialistas discutem a identidade do Santo, bem como a hipótese de que nos Painéis estejam retratados não um, mas dois santos.

[14] Zacuto foi chamado à corte e nomeado Astrónomo e Historiador Real por D. João II. Aliás, D. João II tem a seu crédito ter permitido – contra-corrente (embora não desinteressadamente) – não só a passagem pelo reino dos judeus expulsos por Castela e Aragão, como a permanência de muitos deles. Cf. Nuno Gonçalo Monteiro, *op. cit.*, p. 204.

[15] Cf. Ken Blanchard and Jesse Stoner, "The Vision Thing: Without It You'll Never be a World-Class Organization", *Leader to Leader*, 31 (Winter 2004): 21-28.

cialmente um visionário idealista ou um pensador; é sobretudo um impulsionador e realizador, que governa pensando e actuando, com e através de outras pessoas[16]. Para quebrar a inércia e conduzir a empresa de uma dada situação para outra relativamente melhor, precisa de persuadir os seus pares, planear as operações, conseguir a colaboração de executores treinados e competentes, reconhecer e recompensar o seu desempenho, e chegar ao fim. Segundo parece, D. João II não tratou bem Bartolomeu Dias no seu regresso a Lisboa, após dobrar o Cabo das Tormentas. Mas parece não haver dúvida que divisou uma "boa esperança" (expressão cunhada pelo próprio Rei, supõe-se) e que a levou a cabo.

---

[16] Lucas e Valero, *op. cit.*, cap. VIII.

Hernán Cortés
A calma política perante a crise*
Agustín Avilés Uruñuela

"Quer nos transes duros quer em tempo de bonança mantém sempre a calma."

Napoleão

Em Abril de 1521, quando Hernán Cortés se preparava para invadir e conquistar o México, o que ia durar quase dois meses de sangrentos combates, teve conhecimento da conspiração de um dos seus capitães, um tal Antonio de Villafaña. O plano era assassinar Cortés e entregar o comando a outro capitão que não estava a par da intriga. Cortés, com um grupo de capitães e soldados de sua confiança, foi ao local onde se alojava Villafaña, prendeu-o e descobriu um papel onde estava a lista dos seus cúmplices. Eram tantos, e entre eles tantos de elevado gabarito, que Cortés fez correr o rumor de que Villafaña tinha engolido o papel, levando a que a tropa pensasse que não conhecia os conspiradores. Organizou uma guarda especial sob o comando de um capitão da sua confiança e enforcou somente Villafaña. Os restantes conspiradores foram tratados com extrema deferência e com a devida distância interior. Precisava de todas as suas reduzidas tropas para ter sucesso no assalto a Tenochtitlán[1].

---

* Comunicação apresentada no XI Encuentro Internacional de Profesores de Política de Empresa, Sevilla, 26 y 27 de octubre de 2009.
[1] Cf. *Hernán Cortés*, Salvador de Madariaga, Editorial Hermes, México, 1955.

É POSSÍVEL APRENDER A DIRIGIR?

A leitura desta passagem de uma das biografias mais apaixonantes da história de Espanha faz reflectir sobre o que fazer em tempos difíceis e de crise, como aquele que atravessamos. Poder-se-á retirar alguma conclusão útil para a actuação nas empresas? Será necessário ter precauções especiais em tempos de crise? Que aspectos se convertem em essenciais quando o contexto é particularmente difícil? Que cautelas e recomendações serão aconselháveis? Que acções serão prudentes e quais não?

Calma

Numa situação em que a estratégia era a sua preocupação fundamental, Cortés tem a calma de enfrentar o assunto directamente, sem alardes nem angústias aparentes, o que era de vital importância para a força expedicionária espanhola. Com essa atitude, considera as diversas facetas da situação – o que tem de ser feito tanto a médio como a curto prazo, a composição da equipa com a qual vai contar e os sistemas de gestão – e sabe dar estabilidade ao empreendimento em que está envolvido com os seus homens.

A calma dá às pessoas um carácter de dignidade, de elegância, de profundidade, longe da vertigem, do fardo e das angústias sem sentido. Ser calmo significa ter um estilo de vida próprio de pessoas conscientes do que são, com um certo controlo e independência do seu ambiente: hoje a moda convida a fazer o contrário.

A calma evoca sossego, que etimologicamente significa repouso, serenidade: o oposto de inquietação e intranquilidade. Quererá isto dizer que calma significa inacção ou imobilismo? Nada mais longe da realidade. A vida de hoje convida permanentemente ao movimento. Na empresa tem de se estar permanentemente a observar clientes, concorrentes, fornecedores e os próprios empregados, para ser capaz de adaptar os produtos e serviços da forma mais adequada. Se não se controlar adequadamente esse movimento, pode cair-se no activismo. Activismo que também está presente no lazer: ler e pensar pouco, contra falar muito e opinar sobre tudo, pouco importando que se saiba ou não daquilo que se aborde. Quase não há tempo sequer para pensar se se sabe ou não disto ou daquilo.

Assim como se perde musculatura quando não se faz o exercício físico adequado, também a capacidade de pensar fica anquilosada por falta de ginástica, e corremos o risco de actuar como que movidos por molas, e não por lógica. Por outro lado, a aceleração dos ciclos de vida afecta não apenas os produtos, como também as pessoas. Dá a sensação de que tudo muda permanentemente e isto faz com que se percam os princípios, que não mudam, e que as pessoas vivam num contínuo ir e vir parecido com o nomadismo. Já não importa para quase ninguém viajar de modo a apreciar os pequenos momentos, uma conversa, uma visita feita com vagar. Dá a sensação de que se viaja porque se tem de viajar, independentemente de durante a viagem nos tratarem mais como gado do que como pessoas, visto que o importante é ver a maior quantidade possível de coisas. Interessa a quantidade, não a qualidade, interessa o externo, não o interno e assim acabamos por perder a própria essência humana: o domínio de si próprio, o equilíbrio.

O mesmo acontece nos negócios. Já quase ninguém frui o seu trabalho, porque não tem tempo: já não apenas para o apreciar, como quase para o fazer. Daí a queda da qualidade, a preguiça, a falta de interesse pelas coisas bem feitas. já não existe praticamente o orgulho pela obra bem acabada... e lança-se a culpa para a sociedade. E, sim, a sociedade tem a sua parte de culpa, mas a empresa fomenta com frequência este tipo de atitudes: por distribuição inadequada de trabalho, por errados sistemas de remuneração, por infelizes palmadinhas nas costas, por atitudes de desprezo ou faltas de consideração... por descuido dos pormenores, a que não é possível atender por não se ter a calma suficiente. E chega-se ao ponto de identificar a calma com o aborrecimento. Mesmo o lazer tende a ser uma corrida desenfreada de acções.

Muitas pessoas de empresa estão obcecadas pela acção. A acção pela acção, esquecendo que o pensamento também faz parte do processo de direcção e que só se pode pensar (pensar bem) se se tiver calma, se se controlar a acção. Recorde-se a história daquele empresário que media o negócio pelo nível de *stress*: se este era elevado, as coisas iam bem; caso contrário, havia motivos para preocupação.

O facto de não dispor de tempo, e a crescente velocidade com a qual se consegue – ou pretende conseguir – tudo, dificultam o relacionamento humano saudável. O trato humano chega a ser desprezado por ser caro (em tempo despendido), gerando desajustamentos existenciais. O problema maior é que essa tendência é difícil de inverter e cada vez se torna mais complexo dar prioridade ao interior relativamente ao exterior da pessoa... e tudo se complica mais em tempos de crise. Com esta forma de viver atropelada, acelerada e com pouco controlo, esquecem-se os pormenores, as coisas realmente importantes, perde-se profundidade, esquece-se o sentido da acção e da vida. Para Aristóteles, a felicidade residia no 'ócio' ou negação do 'neg-ócio'; para ele, a felicidade consistia na contemplação intelectual. De forma parecida, São Tomás de Aquino fala de felicidade em termos de visão e união com Deus. Ambos pensam em contemplação, embora em cada caso com objecto diferente. Ora esta disposição para que cada pessoa seja ela própria e para olhar para o seu interior exige dedicação, não se improvisa nem se pode levar a cabo quando se necessita, se previamente não se cultivou... E as pressas de hoje não favorecem essa cultura. É preciso ter em conta que esse olhar para dentro, esse ser pessoa com visão interior, faz parte da própria natureza do homem e que quando a natureza de algo se desvirtua, esse algo está condenado à morte, perde o seu sentido de ser.

Pode ocorrer na empresa que as operações e a sua melhoria contínua afaste os dirigentes da visão global, da importância relativa dos assuntos e, concretamente, da importância de ser pessoas. Quando surge a crise, momento em que se deveria contar com o melhor de cada pessoa, pode ocorrer que por falta de prática, hábito ou disciplina, as pessoas dessas empresas não sejam capazes de olhar para o seu interior, degradando assim, significativamente, o valor do 'factor humano' da empresa e secando as melhores fontes para superar o transe. Ora a pessoa é pessoa antes de ser empresário, dirigente ou professor e tanto ela como a organização à qual proporciona o seu trabalho, devem estar conscientes da liberdade pessoal de cada um, da consequente capacidade para não se diluir no conjunto e poder escolher pessoalmente, e da importância do equilíbrio entre o relacional e o individual...

A calma defendida nestas linhas não advoga a inacção, não conduz ao niilismo, pelo contrário, é essa capacidade que permite às pessoas (e, portanto, à organização) serem donas de si mesmas e obterem e darem o melhor delas.

Calma no Negócio

Do mesmo modo que os tempos modernos convidam ao atropelamento da vida pessoal com risco de esvaziamento interior, na empresa a tentação é esquecer a estratégia ou o próprio negócio e procurar competir com os outros na base de fazer o mesmo que eles, embora melhor. Confunde-se 'negócio' com eficácia operativa[2].

---

[2] What is strategy? *Harvard Business Review*, Novembro-Dezembro 1996. Michael E. Porter.

A necessidade de flexibilidade e reacção rápida à concorrência e a exigências do mercado levaram muitas empresas a esquecer o seu 'posicionamento' (a 'escolha de negócio' que a empresa realizou) por parecer demasiado estático, preferindo competir fazendo as mesmas coisas. Em vez de uma diferenciação nas coisas que se fazem, entra-se numa corrida em que todos fazem quase o mesmo e em que o desafio é agora tentar ser aquele que as faz melhor. Daí nasce a hiper concorrência actual vigente em muitos sectores. Por outras palavras, pode-se confundir o negócio ou estratégia, como conjunto de actividades distintivas da empresa graças às quais esta sobrevive, com eficácia operativa entendida como conjunto de ferramentas que permite aperfeiçoar as operações da empresa. O foco de atenção de muitos dirigentes e não poucos empresários tem-se centrado na maneira de realizar as operações, e não em quais as operações a realizar e em quais não o fazer. Se isto ocorre em época de crescimento e alegria dos mercados, quanto mais em tempo de apertos, quando os hábitos, a incerteza que produz ser-se diferente, a facilidade que pressupõe poder medir a melhoria contínua, etc. podem vir a desembocar num esquecimento quase sistemático do negócio, da essência da empresa.

Como vimos, as dificuldades ambientais não favorecem que se dedique tempo para pensar, não é fácil ter calma para escolher ser-se diferente. Parece que se somos iguais mas melhores, as coisas não podem correr-nos assim tão mal e poderemos contornar a crise... quando é justamente o contrário. Se se tem calma, é possível escolher/manter as operações chave e, inclusivamente, aproveitar oportunidades para novas operações que derivam destas e que surgiram graças à crise. A singularidade e as prioridades, bases para a escolha do negócio, são sempre incómodas mas mais ainda em contextos económicos deprimidos onde se torna portanto mais necessária uma retrospecção para a essência, para o interior da empresa. Daí ser imprescindível a calma. Recordando a passagem da biografia comentada, Cortés não perdeu de vista que o seu objectivo real era a conquista de Tenochtitlán. No meio das dificuldades, pressionado pelos acontecimentos, pela sua concorrência (os seus inimigos), pelos seus clientes (as tribos índias aliadas que, por sua vez, eram inimigas dos astecas), e provavelmente pela sua própria "estrutura directiva", Cortés define prioridades, decide e actua de acordo com a escolha de futuro estabelecida.

Trata-se de saber para onde se vai porque se sabe quem se é: pensar melhor para actuar. Isso implica muitas vezes fazer o contrário do que fazem os outros. Parece que se não investimos no Brasil ou na Ásia, ficamos '*out*'.... Não se trata de dizer que vou ou não vou para a China porque toda a gente vai; talvez se deva ir, para ver – com calma – o que se pode fazer, ou para compreender como pode repercutir nos nossos mercados naturais o que está a ocorrer tão longe, ou para saber de que forma se deve estar e com quem...ou não estar...

É necessária uma certa sobriedade para evitar a ansiedade pelo novo. Equilíbrio e simplicidade, não complicar mais as coisas. Por vezes, empreendem-se aventuras que mais do que ajudar a sair da crise, fazem com que nos afundemos mais nela, isso sim, com a consciência tranquila de que se fez o 'politicamente correcto': fugir em frente. Não é fácil resistir à tempestade e em determinadas ocasiões enfrentar o temporal, pois quando chega a tormenta, é difícil lutar contra ela se não se previu de antemão. Navegar correctamente exige desfraldar uma pequena parte das velas, e não todas, de forma que se possa governar o navio para não ficar à mercê das ondas. Nessas circunstâncias, a tripulação e o barco estão dispostos a aproveitar as oportunas rajadas que lhes podem permitir sair do cenário tormentoso. Se o barco e as pessoas estão desgastados a tentar lutar inadequadamente contra a força dos elementos, não só não poderão aproveitar essas oportunidades, como é possível que nem sejam capazes de as ver ou possam mesmo acabar derrotados e afundados. Nada de novo, mas esquece-se isso. O dia-a-dia, o contexto, os concorrentes, o espírito do tempo arrastam-nos. Parece que para avançar é sempre imprescindível correr, esquecendo a fábula da tartaruga e da lebre.

Ter-se-á consciência suficientemente clara de para onde se vai, do futuro escolhido? Estará este correctamente demarcado e preservado de mudanças ou modificações substanciais contínuas? Haverá calma para saber o que se tem de fazer, ou ter-se-á a sensação de que o que se faz hoje mudou sete vezes numa semana sem razão aparente? Ter-se-á a sensação de se estar a correr sem se saber muito bem para onde se vai? Haverá calma para tomar decisões e actuar com sensatez? Será que a actuação serena com uma visão clara do futuro serve para cultivar a calma também necessária na hora de se pensar e actuar na estrutura dirigente, nos sistemas de convivência ou na configuração institucional?

Calma na Estrutura

A configuração institucional da empresa é importante, e também o são o negócio e os sistemas mas, enquanto seres humanos e comunidade humana, o mais decisivo – de entre o que reclama a atenção dos dirigentes – são as pessoas.

O problema costuma ser que a vida em geral, e a vida da empresa mais ainda, obriga a mudar de um assunto para outro com cada vez maior rapidez. No final, não se dispõe de tempo a não ser para o computador, para o telemóvel ou para as viagens..., visto que se dedica a estes elementos a maior parte do tempo e não se atende sequer as pessoas com quem se partilha a tarefa diária durante anos. Para quê falar, se paira diante de nós, além do mais, uma crise! Dever-se-ia "esquecer um pouco as coisas e lembrar mais as pessoas"[3].

Precisamente, em crise, torna-se ainda mais imprescindível aumentar o respeito pelas pessoas. O ser humano necessita de um ambiente adequado para ser ele mesmo e dar o melhor de si. É necessário esse espaço físico e emocional que permita, nas crises mais do que nunca, interiorizar os problemas e procurar soluções, no seu âmbito de competências. Conhecer as pessoas ganha especial importância em épocas de crise, para entender as reacções, assimilar que nem toda a gente actua da mesma maneira em situações adversas, ajudar a superar fracassos ou épocas más... Sem calma é impossível encontrar o momento e o tempo adequados para dedicar a estes assuntos. A desordem, os encargos, as interrupções, as mudanças de prioridade sistemáticas, as actuações precipitadas sem aferição dos factos (como parece que se tem de fazer mais coisas, não parece possível aprofundar os assuntos), não proporcionam o adequado ambiente para que a equipa directiva possa tomar as suas melhores decisões e possa implementá-las eficazmente.

Como se quer fazer mais coisas e mais rapidamente, tende-se a abusar da motorização e do telefone. A motorização é agressiva, esfuma o pensamento e faz com que as pessoas se evadam de si próprias. Uma reunião feita num táxi é algo em si mesmo dispersivo, mas também o é porque não é possível desligar do meio, porque se tem a preocupação de chegar

---

[3] Cf. Miguel Ángel Martí García, *El sosiego. Una filosofía de vida*, Ed. Internacionales , Madrid, Espanha, 2007.

ao destino, porque há uma sensação de indiscrição que não permite falar com clareza, ou porque dá a entender que não é um assunto que merece mais atenção... Por que se abusa então desta prática? Quem não organizou uma reunião num táxi? Pode parecer que se aproveita o tempo, quando na realidade se estão a negligenciar os assuntos e das relações.

O telefone é um meio extraordinário, mas não substitui uma entrevista de olhos nos olhos. Uma videoconferência também não. E muito menos o correio electrónico que se converteu na desculpa e na 'arrecadação' das comunicações habituais. As pessoas exigem uma abordagem mais individual, mais "personalizada".

A calma relativamente à estrutura directiva exige que se perspectivem com regularidade as relações que se mantêm com os colegas de trabalho e os subordinados. Procura-se que haja um discreto sentido da justiça, ou 'vai tudo raso'? Procura-se ser razoavelmente equitativo, ou os nervos levam a fazer pagar os justos pelos pecadores? Mantemos o sentido prático e estratégico (como Hernán Cortés), ou deixamo-nos levar pelos primeiros impulsos? Há capacidade para amortecer os problemas, ou os dirigentes convertem-se em amplificadores e transmissores das aflições? Há competência para reorientar e matizar a distribuição adequada das tarefas, ou tende-se a envolver toda a gente em tudo? Nota-se nervosismo na organização? (os primeiros a aperceber-se costumam ser os agentes externos: clientes, fornecedores...). Que papel têm os dirigentes nesse nervosismo? É possível encontrar o espaço, no tempo e lugar adequados, para falar dos problemas e para aferir factos e opiniões?

Calma nos Procedimentos

Os nervos costumam ser maus conselheiros em tempos de agitação. Como vimos, quando os clientes, accionistas ou o contexto económico e social assediam o dirigente, a tentação é fugir em frente no que respeita ao negócio. E o problema não é apenas o risco que se assume nessas novas aventuras, mas também a repercussão que isso tem nas pessoas e na organização.

Se consideramos os sistemas de convivência como ferramentas que ajudam as pessoas a desempenhar as suas tarefas, não parece recomendável modificá-los com ligeireza, mais que não seja por risco de dispersão. Se os sistemas mudam frequentemente, inclusivamente para melhor, os indivíduos tendem a procurar conhecer, aprender e estudar as repercussões das mudanças, abandonando assim o negócio (o que têm de fazer) em cima da mesa. Gera-se um engodo não intencional e extraordinário que reclama a atenção que se deveria prestar aos assuntos do negócio, sempre fundamentais, e mais ainda em tempos de crise. Não é aconselhável gerar mais imprevistos em épocas onde a planificação das tarefas é substancialmente mais complicada devido às contrariedades e à complexidade da situação. Acresce a tentação de efectuar mudanças nos procedimentos que exijam mais das pessoas, seja por lhes solicitar mais tempo, dedicação a tarefas complementares que derivam de novas aventuras ou de redução de quadros de pessoal, seja por esmorecer e diminuir o reconhecimento do trabalho realizado...

É preciso ter muita atenção com as remunerações variáveis como afirmava Drucker! Em tempos difíceis, quando mais sintonizados devem estar os dirigentes, é habitual encontrar sistemas de remuneração que desencorajem em vez de apoiar e, o que é pior, modificações de sistemas que castigam a estrutura directiva como se esta fosse a culpada pela crise. A pressão do ambiente faz com que se procurem e promovam na empresa procedimentos que premeiem e desenvolvam qualidades como a eficácia, a operacionalidade, a rapidez, a diversidade... todas elas orientadas para a acção e não para a pessoa, focalizadas mais no que as pessoas fazem, do que nelas próprias.

Qualidades como a discrição ou a prudência, que parecem limitar a acção, são consideradas sempre em segundo ou terceiro lugar, quando na realidade são ambas fonte de calma por evitarem muitos erros que causam problemas acrescidos, para além dos que já traz a crise...

O ambiente calmo no qual podem surgir melhores ideias e realizações não deve ser interferido por medidas que o alterem mais do que já o provoca a crise. Será que se tenta suprir os efeitos da crise à custa da equipa? Será que se preferem soluções de curto prazo, mesmo que com prejuízo a médio e longo prazo? Em vez de construir um compromisso de forma paulatina e assim preparar-se para futuras situações de crise, estar-se-á a tender para pedir adesões acríticas e afastar os espíritos mais livres? Será que se pretende contrapor lealdade e liberdade[4]? Haverá consciência de

---

[4] Normalmente, as pessoas mais livres costumam ser as mais leais. A liberdade individual orienta-se para dirigir a própria vida e isso exige princípios firmes, convicção e vontade. As pessoas com princípios são as que costumam ser leais. Pelo contrário, as que não os têm vendem-se ao melhor licitante, dependendo da ocasião.

que as crises afectam toda a gente e de que deixar de pagar ou reduzir os salários pode ser mais um procedimento de retrocesso do que de avanço? Será que se procuram sistemas que em vez de ajudar as pessoas, garantem que se vai encontrar sempre um culpado para aquilo que acontece? Será que se procuram os procedimentos adequados para transmitir calma e para estabelecer prioridades, ou abandona-se esta tarefa? Será que se encontram os momentos oportunos ou, pelo contrário, dá a sensação de que não há tempo para nada?

Calma na Configuração Institucional

Em tempos de crise aumenta o risco de se deixar levar pela última notícia, que normalmente não costuma ser boa, e pela tendência para actuar de imediato. Se a continuidade e sobrevivência da empresa dependem da resposta a essa última notícia, algo não foi bem feito anteriormente.

As águas turbulentas das recessões económicas exigem a todos, e com maior ênfase aos proprietários da instituição, que se distanciem, para observar os assuntos com frieza e no seu conjunto. Esse distanciamento físico, emocional e de tempo é sempre importante, mas muito mais quando se trata de assuntos do governo da empresa. Dominar o poder e o dinheiro torna-se mais crítico quando aparecem as recessões. Quando as coisas não correm bem para a empresa (e não interessa que também não corram bem noutras empresas, no sector ou no próprio país), aparecem logo os redentores, os que encontram uma culpabilidade míope em todos os outros, os que são capazes de se aliar com quem quer que seja para desfazer a aliança anterior e lutar contra os seus últimos aliados em batalhas de poder e de dinheiro, nas quais o alvo de curto prazo é a batalha e não a guerra.

A história de Espanha dá-nos muitos exemplos desta abordagem, além da passagem citada de Hernán Cortés. Recorde-se como os muçulmanos entraram em Espanha chamados por alguns senhores feudais cristãos para lutar contra outros senhores cristãos. O poder dividido e sem uma visão de longo prazo e de continuidade favoreceu uma reconquista onde alianças como a descrita se sucedem ao longo de quase oito séculos[5]. Só quando se estabelece um poder estável com os Reis Católicos, é possível finalizar a

---

[5] Cf. *El drama de la formación de España y los españoles*, Claudio Sánchez Albornoz, Editorial Barbarroja, Madrid, Espanha, 2008.

reconstrução de Espanha e enfrentar outras aventuras maiores. A sobrevivência é possível desde que haja um poder estável. No momento em que este se desintegre e que cada quota de poder queira prevalecer sobre cada uma das restantes e sobre o conjunto de todas elas, o risco de sucumbir como empresa é enorme. Algo assim sucede em muitas empresas familiares e também nalguns países da antiga Europa...

A mesma ideia é aplicável ao dinheiro. Quando as rentabilidades são baixas ou os números não quadram com o exigido, há um grande risco de que a propriedade mude de mãos[6]. Nessas situações, só com calma é possível distanciar-se dos assuntos e ver para lá das disputas do dia-a-dia, compreender os sócios actuais e os seus interesses, procurar possíveis sócios e alternativas, adiantar-se aos problemas...

Qualquer tipo de decisão que se toma na vida tem sempre um grau de incerteza e mais ainda as decisões que se tomam na empresa, talvez por razões de concorrência e de volatilidade dos mercados. A valia de empresários e dirigentes reside na tomada de boas decisões e em levá-las a cabo, sendo que uma decisão será tanto melhor quanto melhor ultrapasse os efeitos da não tomada de decisão ou da decisão tomada de forma aleatória.

As maiores incertezas e mais importantes dificuldades que aparecem em tempos de crise costumam ser um incentivo para reconsiderar as decisões tomadas. Não é errado reconsiderar o que se faz, mas não convém esquecer que essas dificuldades que aparecem no momento da acção não implicam necessariamente que a escolha seja errada e que deve ser modificada. A crise convida à mudança e o nervosismo face aos resultados de curto prazo ou à necessidade de ver consequências positivas de todas as decisões tomadas, fazem com que se duvide sistematicamente e se modifique a linha de acção. Esta é uma reacção contagiosa. Um gesto, um olhar, um ligeiro movimento num momento chave são a origem da dúvida e o convite para a mudança.

A constância – que é sempre uma virtude pessoal e empresarial aconselhável – converte-se em fundamental nestas circunstâncias. Para ter confiança em si próprios, os dirigentes, e muito mais os responsáveis pelo governo da empresa, têm de estar preparados para escutar, analisar e manter a calma, algo impossível de conseguir sem sossego. A falta deste con-

---

[6] Cf. *El gobierno de la empresa de negocios*, Antonio Valero Vicente e José Luis Lucas Tomás, EUNSA, 7ª edição, Pamplona, Espanha, 2007.

vida a duvidar de tudo, mudar por mudar, tomar decisões de curto prazo que podem comprometer o longo prazo ou decisões de longo prazo contra a filosofia da empresa e do seu negócio. Só com calma é possível resistir às investidas e pressão externa de concorrentes, clientes, fornecedores, empregados e, inclusivamente, dos próprios titulares da empresa. Fazer as coisas de forma diferente e com resultados positivos é o que toda a gente aplaude e deseja: aquilo que Porter designou por vantagem competitiva e que podemos denominar simplesmente "negócio". Se o ambiente piorar e os resultados da empresa também, é normal que surjam dúvidas sobre o que se faz e tentações para o mudar sem a devida serenidade ou calma.

Qualquer dúvida dos proprietários da empresa transmite inquietação ou pressão que é interpretada de imediato pela equipa dirigente e pelo resto da organização. Nessa situação aparecem as vacilações, indecisões ou hesitações relativamente à linha de acção anterior. Para que se produza esta sucessão de factos, não são necessárias declarações grandiloquentes ou formais, pois uma mera indicação ou insinuação sobre a perda de 'valor para o accionista' ou sobre a situação, o futuro ou as acções tomadas por algum concorrente, ou sobre alguma possível variação do ambiente económico, podem desencadear estes efeitos.

Em tempos de vacas gordas, quando as coisas funcionam com alegria, também é necessário ter calma e evitar bebedeiras e aventuras sem sentido, produto de um excessivo optimismo ou de uma errada autoconfiança gerada por sucessos fruto do acaso ou da bonança económica. Essa linha de temperança e constância é a que deve examinar-se nitidamente na Configuração Institucional da empresa. Em tempos de crise, a calma torna-se fundamental, é mais necessário olhar para o interior da empresa, analisar os produtos, ver e compreender a evolução dos clientes, reduzir aqueles custos que não afectam o negócio, a estrutura directiva ou os sócios e manter a linha marcada. É necessária muita calma para, no caso de ser necessário, tomar decisões de encerramento de linhas de produtos, departamentos ou até da empresa.

A acção baseada na serenidade interior e congruência que proporciona a calma, é muito mais eficaz e de melhores resultados do que a actividade gerada em resultado do nervosismo e da improvisação sob pressão. A improvisação é causa de muitos dos erros que se cometem. A precipitação, a falta de calma e de profundidade no pensamento e na acção, levam a erros que obrigam a reformulações ou a mudanças de rumo constantes.

Destrói-se assim, rapidamente, o sentido de confiança interna da organização. A empresa não é uma aventura de curto prazo. Como responsáveis pela sua sobrevivência, os proprietários devem ter uma constância lúcida para manter uma estabilidade sem relaxamentos, controlando adequadamente o poder, dinheiro e iniciativa[7].

Costuma haver falta de iniciativa pelo facto de a criatividade ter custos, e ela tem custos porque não há o fomento das condições adequadas para o seu desenvolvimento. A pressa, a falta de clareza de ideias, a falta de rigor e de profundidade, a falta de tempo... são muito prejudiciais à iniciativa. Se ninguém na empresa semeia e estabelece as condições ambientais para que esta tenha sucesso, a existência de iniciativa converte-se numa mera questão de sorte.

A perda do gosto para dedicar às coisas o seu devido tempo e espaço – as reuniões no táxi, as conversas *in itinere*, o excesso de querer fazer mais do que sensatamente é possível – são o veneno da iniciativa. Na verdade costumam gerar ideias que não passam de frivolidades e meros episódios sem projecto e importância, quando não de pensamentos ilógicos ou utópicos.

Será que temos em devida conta os assuntos de poder e de dinheiro, gerindo-os com uma certa estabilidade, que nos permita ser constantes, coerentes e temperados? Será que se consistência e calma à organização, ou emitimos sinais que alteram e dão preocupações aos responsáveis por implementar o negócio? Haverá suficiente calma na organização para ver o longo prazo e as crises que virão no futuro? Será que se pensa e actua realmente em termos de continuidade a longo prazo? Será que se anima a iniciativa, para a manter viva após a crise? Haverá uma ideia clara sobre onde estão o poder e o dinheiro?

---

[7] Cf. "Las Políticas de inversión de Warren Bufet en Berkshire Hathaway", *DGI-114*. Caso da Divisão do IIST. Francisco Moreno Lagrú e José Luis Lucas Tomás, Sevilha, 2002.
Warren Buffet controla a partir da sede central o dinheiro e o poder, proporcionando assim estabilidade para desenvolver o negócio que se supõe ser o que sabem fazer os directores das suas empresas. A iniciativa neste caso está, em grande parte, na equipa dirigente. Para Bufett, a razão pela qual foi comprada a empresa é precisamente a valia dessa equipa.

Conclusões

A calma permite pensar e actuar de acordo com a escolha do que se quer fazer e como se quer fazer. Portanto, é fundamental ter calma para actuar correctamente. Se as pessoas ou as organizações sabem com clareza para onde se quer ir e como, a vida pode ser mais calma por não se ter de estar permanentemente a repensar a essência da actuação.

Esta abordagem de vida é aplicável tanto pessoalmente como no âmbito da empresa: se tudo for claro, as acções são feitas com calma e se houver calma nas pessoas de topo, o resto da organização percebe-o, sossega e dedica as suas melhores qualidades a fazer aquilo que se tem de fazer, em vez de conjecturar sobre o que se deveria ou não fazer.

A crise terá um fim e a maioria das empresas sobreviverá, mas a pergunta a fazer é: essas empresas ficarão melhor ou pior posicionadas para o futuro? As decisões e acções que se estão a tomar durante a crise para a sua superação podem ser uma ajuda ou um estorvo para enfrentar a seguinte. Será que as empresas se estão a preparar para enfrentar com serenidade e calma as épocas de grande crescimento e de esplendor que enganam e embebedam? Ou para as recessões que deprimem até o mais profundo? Ou se está preparado para enfrentar estas convulsões ou, quando chegarem, o dilúvio do optimismo transbordante ou do activismo ilusório impossibilita qualquer reacção sensata.

Portanto, é talvez o momento de pensar nos modelos de pensamento dos dirigentes e empresários. Confiar demasiado nos modelos técnicos pode ser enganador, porque não é possível criar parâmetros para tudo, nem é possível introduzir nesses modelos todas as variáveis de assuntos tão globais e complexos, entre outras razões. É preciso preparar-se, com calma, mas com constância, para ver o conjunto sem perder de vista o pormenor que diferencia a empresa.

O modelo a utilizar deverá ajudar a ter em conta as crises que vão chegar, talvez com ciclos mais curtos, mantendo-as debaixo de olho. Vão mudar os líderes mundiais, vão mudar as culturas dominantes, vai ser diferente o peso e a importância relativa de cada moeda, podem aparecer outras novas, vão surgir novas regras de jogo... e é preciso ter a calma suficiente para intuir e prever as possíveis repercussões de tudo isto a longo prazo.

Thomas More
Coragem e consciência*
Pedro Rosa Ferro

> *"...quando os estadistas atraiçoam a sua própria consciência por causa das suas funções públicas... levam seu país rapidamente para o caos."*[1]

Rober Bolt (*A Man for All Seasons*)

> *"O dever de cada súbdito pertence ao rei, mas a alma de cada súbdito é dele próprio."*[2]

Shakespeare (*Henry V*)

Os dirigentes das organizações enfrentam problemas éticos complicados: devem fidelidade aos detentores do capital, de quem são delegados; e têm também uma responsabilidade incontornável face a outros *stakeholders* –

---

* Agradeço a Luís Manuel Calleja e a Nuno Ferro comentários e sugestões a uma versão anterior deste artigo.

[1] *"I believe, when statesmen forsake their own private conscience for the sake of their public duties...they lead their country by a short route to chaos."*

[2] *"Every subject's duty is the king's, but every subject's soul is his own."*

empregados, clientes, fornecedores, Estado... – com interesses e 'direitos' conflituantes. Defrontam uma concorrência acirrada, e por vezes desleal, seja por parte de competidores 'informais', seja por práticas de *dumping*, seja pela presença de incumbentes com posição dominante... Têm que recompensar e punir exemplarmente os seus empregados. Por vezes têm que despedir pessoas, com família a sustentar e escassa empregabilidade. Têm que cumprir a lei, mesmo se ela for uma 'camisa-de-forças'. Têm que produzir informações verdadeiras, que não desagradem nem ao fisco, nem à banca, nem às associações de consumidores, nem aos ambientalistas, nem à ASAE, nem à imprensa económica, mesmo que elas prejudiquem a reputação da empresa, que é um bem precioso. Têm que pagar os salários e fornecimentos externos, mesmo que não tenham liquidez; e têm ainda que entregar o IVA ao Fisco, efectuar os descontos do IRS ou liquidar o imposto especial por conta, mesmo que a empresa tenha créditos sobre o Estado. Têm que persuadir clientes e fazer contratos justos, sem publicidade enganosa nem abuso. Assim, estão sujeitos a fortes pressões, legítimas e ilegítimas, directas e indirectas. Entretanto, têm expectativas razoáveis de desenvolvimento profissional; e também têm mulher, ou marido, e filhos. E têm que decidir de acordo com a sua consciência, sabendo que as suas opções afectam a vida, emprego e haveres de muitas pessoas e arriscam somas avultadas de dinheiro. São responsáveis pelo bem comum da sua organização – a sua continuidade e sustentabilidade – e para que ela sobreviva (e portanto, para evitar males piores, o 'mal comum') podem ter que adoptar medidas extremas. É natural que tenham tentações e problemas de consciência. Só quem não exerceu funções de governo pode pensar que estas tensões são fáceis de resolver e que as soluções se encontram nos livros de 'ética empresarial' ou nas *collationes* de moralistas (por valiosos que sejam).

"*A man for all seasons*"

O conflito moral tem uma longa história. Em "Antígona", Sófocles dramatizou a disputa interior entre as exigências da organização social e as da consciência pessoal. Maquiavel sugeriu que os princípios éticos considerados válidos na esfera privada – a justiça, a honradez, o respeito pelos outros, a temperança – não serviam (seriam até prejudiciais) no domínio público, onde a 'razão de Estado' e a segurança da comunidade política justificariam todos os meios imagináveis. Por seu turno, Max Weber distinguiu entre a 'ética da convicção' – particular ou privada – e a 'ética da responsabilidade', própria dos governantes. A radicalização desta dualidade é certamente imoral, mas a sua completa abolição não será, por sua vez, ingénua e irrealista?[3]

Thomas More foi também confrontado com essa tensão entre o dever interior e a responsabilidade pública. More foi *Lord Chancellor* sob Henrique VIII de Inglaterra, num tempo conturbado. Em 1520, Robert Whittinton – um colega de More, professor, escritor e humanista como ele – sintetizou a sua apreciação do amigo identificando-o como *"a man for all seasons"*. Robert Bolt encontrou nessa expressão o título feliz para uma notável peça de teatro, depois passada ao cinema, sublinhando a dimensão universal e intemporal quer do seu herói quer dos dilemas – entre lei, bem público, consciência, honra, vida, Deus... – que ele sofreu[4]. A Reforma protestante havia eclodido, afectando – num contexto em que a ortodoxia religiosa e a fidelidade política se misturavam – quer a salvação da alma, quer a coesão social. Pelo menos, era esse o juízo de More. Como sabemos, o rei nomeara-o para aquela função pela sua reconhecida competência e integridade mas, por fim, não suportou a recusa de Thomas em abonar, sob juramento, o seu divórcio e a supremacia do monarca sobre a Igreja de Inglaterra, forçando a acusação de alta traição e a sua condenação à morte.

Entre a consciência e o dever público. Prudência e coragem

Ao contrariar a vontade de Henrique, Thomas More não arriscava apenas a sua posição social e económica, nem sequer apenas a serena continuidade da sua vida familiar e daquela roda de amizades, interesses e ideias que More cultivava com tanta elevação e graça, suscitando a admiração tanto de humanistas contemporâneos, como Erasmus ou Luis Vives, quanto a veneração de Jonathan Swif, Samuel Johnson ou Chesterton, séculos mais tarde. Além disso, pretendia certamente, de todo o coração, evitar retaliações sobre a sua família e amigos. E queria também, como qualquer pessoa normal, 'salvar a pele', embora não a qualquer preço. Mas sobretudo, More

---

[3] Cf. Cf. Joseph L. Badaracco, *Questions of Character: Illuminating the Heart of Leadership through Literature*, Harvard Business Review Press, Boston, 2006, pp. 139 e seguintes.

[4] Cf. Marvin O'Connell, *"A Man for all Seasons*: an *Historian's Demur"*, *Catholic Dossier* 8, 2 (March–April 2002), pp. 16-19.

tinha consciência do alcance público das suas decisões particulares. Sabia que elas afectam gravemente outras pessoas, muitas pessoas. Em termos políticos, estava em jogo o cisma religioso e a guerra civil. Thomas era um patriota inglês, respeitador da ordem jurídica, da autoridade e instituições legítimas, e não desejava encorajar a sedição popular e a hostilidade aberta face ao rei. Por último, More poderia ainda pensar – com alguma razão – que provavelmente não ganharia nada em opor-se àquele impetuoso e inflexível Tudor e que seria preferível ceder às suas exigências, para bem do reino. Assim – mantendo o seu alto cargo, junto ao rei – poderia continuar a dar-lhe bons conselhos e minimizar os danos, impedindo que políticos venais tomassem o seu lugar e atiçassem, em vez de moderar, as más inclinações de Henrique. A sua aquiescência seria um 'mal menor'[5]. E numa abordagem 'consequencialista' ou pragmática poderia muito bem constituir um meio para produzir um melhor estado de coisas.

Contudo, a recusa do Chanceler baseou-se na convicção pessoal, reflectida e profunda – alcançada após muito matutar sobre os bens e males que estavam em causa – de que a pretensão de Henrique era ilegítima, oposta ao direito, e contrária à vontade e amor de Deus (algo difícil de compreender, hoje, numa sociedade secularizada). Consequentemente, em consciência, ele não podia transigir nesse ponto. Tentou, até ao limite, equilibrar os bens públicos que prezava com os seus legítimos bens particulares, sem desrespeitar a sua consciência. Ao mesmo tempo que recusou o juramento, guardou silêncio sobre as suas razões, e não viu inconveniente em reconhecer Ana de Bolena como rainha: porque queria evitar uma confrontação calamitosa para o reino, porque queria proteger a sua família, e porque sabia quão eloquente era o seu silêncio (como o Thomas Cromwell de Bolt observou certeiramente). Mas, finalmente, perante o que considerava um 'mal absoluto' – a traição a Deus e também a si próprio – escolheu a espada.

Entretanto, More conseguiu iludir, durante algum tempo, a perseguição de que foi alvo. Não se tratou propriamente de pragmatismo[6], do recurso ardiloso a porções adequadas de flexibilidade face aos princípios morais. Tratou-se de prudência, virtude eminentemente operacional que

---

[5] Os moralistas tratam das condições em que é razoável a cooperação material com o mal, em circunstâncias graves, para evitar danos piores. É provável que um governante enfrente com alguma frequência situações desse tipo. Como se verá, Thomas More considerou que essas condições não se aplicavam ao seu caso.

[6] Cf. Joseph L. Badaracco, *op. cit.* pp. 142 e seguintes.

não necessita ser doseada ou temperada com quaisquer pitadas de 'pragmatismo' (que lhe é conceptualmente espúrio, apesar de William James). A ética e a política são formas de razão prática. Exigem a aplicação dos princípios gerais – o dever de praticar o bem, ou bens possíveis, racionalmente cognoscíveis e desejáveis – aos casos particulares, e a judiciosa deliberação dos meios em ordem à acção, ponderando as circunstâncias existenciais, concretas.

Foi essa prudência que levou Thomas More a fugir do perigo (enquanto era evitável e desnecessário), primeiro, e a não fugir do combate, depois, quando chegou o momento crítico. A coragem de More não era ostensiva, espontânea ou 'natural'. Ele conhecia o medo e temia a sua própria fragilidade. Tratava-se de uma coragem longamente treinada e cultivada[7]. More sabia que um homem comum, sem coragem, não seria capaz de viver rectamente. E sabia também que um governante sem coragem seria necessariamente um governante negligente, como aquele "cobarde capitão de um navio que fica tão atemorizado pelo estrondo furioso de uma tempestade que deserta o leme, esconde-se encolhido nalgum buraco e abandona o navio às ondas"[8]. Sabia que um dirigente deve ousar dizer a verdade, no momento e do modo oportunos[9]; que deve resistir a pressões e dizer que não; e que, outras vezes, deve tomar iniciativas árduas e arriscadas, dizer que sim.

Excurso. Os problemas de consciência de Thomas More

Robert Bolt apresenta Thomas More como herói e mártir da consciência individual, morrendo em defesa do seu solitário 'eu' interior. Neste ponto, haverá talvez um certo anacronismo na peça de Bolt. More não morreu em nome da liberdade de consciência, na sua concepção moderna – como última e inapelável instância normativa, como supremo tribunal, ultimo reduto da individualidade, espaço privado onde nenhuma autoridade pode

---

[7] A sua coragem não era também uma virtude estóica ou puramente voluntarista e não pode ser desligada do que os cristãos chamam Graça.

[8] Cf. Thomas More, *On the Sadness, Weariness and Fear of Christ*, citado em Gerard Wegemer, *S. Thomas More: a Portrait of Courage*, Scepter Publishers, Princeton, 1995, p. 202.

[9] Todavia, por vezes é preciso discernir qual a 'verdade suportável' por um interlocutor. Nem sempre é razoável dizer a 'verdade toda'. Com fez notar T. S. Eliot, "o ser humano não suporta demasiada realidade".

intrometer-se, onde nenhuma 'verdade' abstracta pode invocar-se. A alegação final de *Sir* Thomas no seu julgamento – depois de irremediavelmente condenado – mostra que para ele a consciência era algo diferente, ou algo mais do que uma preferência pessoal substancialmente neutra, moralmente equivalente a qualquer outra, ou uma voz dentro de nós que mais ninguém pode ouvir[10]: incluía a referência vinculante a uma verdade objectiva e àquilo a que se denominava 'recta razão'.

De facto, sem essa referência, onde estaria o valor – a nobreza – do comportamento de More? Como separá-lo da obstinação arbitrária e do fundamentalismo ou fanatismo? Como distingui-lo, por exemplo, de um qualquer suicida assassino – um *kamikaze* ou um terrorista islâmico – que siga convictamente a sua consciência? A tradição cristã – na qual se insere S. Thomas More – acentua com razão a dignidade inalienável da consciência, na qual reside "o centro mais secreto e o santuário do homem, no qual se encontra a sós com Deus, cuja voz se faz ouvir na intimidade do seu ser"[11]. E sublinha o dever de seguir sempre o veredicto evidente da consciência, ou pelo menos de não o infringir. Ao mesmo tempo, essa mesma tradição sustenta que a consciência não é uma espécie de invólucro protector e justificador da própria subjectividade, mas uma abertura do homem ao fundamento do seu ser, que o capacita para procurar a verdade e desafiar quer a mentalidade e atitudes dominantes, quer a própria subjectividade. Em suma, a consciência de Thomas More não o encerrava dentro de uma solidão intransponível e impenetrável, mas abria-o à chamada das exigências objectivas e universais do bem moral (o que para ele significava também a voz de Deus, confirmada pela autoridade da Igreja). A sua consciência era o arauto imperativo desse bem moral, embora não o seu autor[12]. A grandeza de More residiu na fidelidade sem reservas a ambos. Isto é também relevante na vida empresarial: as ordens recebidas de instâncias superiores, as convenções, a pressão dos mercados ou a regulação

---

[10] Cf. Marvin O'Connell, *"A Man for all Seasons*: an *Historian's Demur"*, *Catholic Dossier* 8, 2 (March–April 2002), *ibidem*.

[11] Cf. Concílio Vaticano II, *Gaudium et spes*, 16

[12] Na sua famosa missiva ao Duque de Norfolk, o cardeal Newman expressou uma ideia semelhante: "Se eu tivesse que brindar à religião, o que é altamente improvável, brindaria ao Papa. Mas em primeiro lugar à consciência. Só depois ao Papa". Em cada momento, a pessoa deve seguir a verdade que ele próprio descobriu. Por outro lado, deve procurar a verdade plena: formar a sua consciência, pedir conselho. Cf. John H. Newman, *Carta ao Duque de Norfolk*, Rialp, 2005, p. 82.

estatal não suprimem a liberdade interior nem eximem a responsabilidade pessoal. Não é moralmente admissível abdicar da própria consciência e desculpar-se dizendo que apenas se "cumpria ordens".

Um homem para o nosso tempo?

"Amo mais o meu país do que a minha alma", terá escrito o trágico Maquiavel ao seu amigo Francesco Guicciardini. O seu contemporâneo Thomas More, pelo contrário, pensaria talvez que não conseguiria amar o seu país se não amasse mais a sua alma: já no cadafalso, declarou-se "the *king's good servant, and God's first*". Se violasse a sua consciência, se passasse para além do bem e do mal, como poderia ainda querer e fazer algum bem, como não ser arrastado para o fundo, no redemoinho da pressão do momento e na vertigem do poder ou do interesse? Porque as acções éticas recaem sobre o seu sujeito, afectam e comprometem o ser do próprio agente. Segundo Thomas More, na versão verosímil de Robert Bolt, "quando os estadistas atraiçoam a sua própria consciência por causa das suas funções públicas... levam seu país rapidamente para o caos"[13].

Aparentemente, a história de Thomas More não tem um final feliz. Não é um caso de sucesso: não conseguiu persuadir o rei, não evitou o cisma, não barrou a ascensão e influência política de arrivistas sem escrúpulos e, por fim, foi eliminado. Contudo, More sabia que a vida não é o valor supremo, e que ela só se torna digna de fruição quando é colocada ao serviço de algo maior do que ela, algo que lhe dá sentido e que, como diz Claudio Magris algures, a ilumina e aquece como um sol. Quando Thomas advertiu que Richard Rich fora nomeado Procurador-Geral do País de Gales, em troca de perjúrio no seu julgamento, observou, com ironia e tristeza: "*For Wales? Why, Richard, if profits a man nothing to give his soul for the whole world...But for Wales!*"[14].

No duro mundo dos negócios não é rara a tentação fáustica de 'vender a alma' – e com ela, por arrastamento, muitos outros bens, nomeadamente a família – para 'vencer' ou 'triunfar' (não por acaso, títulos recorrentes dos *best-sellers* do *management*). A nossa sociedade glorifica o sucesso e o triunfo, o que de algum modo se compreende uma vez que as realizações bem suce-

---

[13] Cf. Robert Bolt, *A Man for All Seasons*, Vintage International, New York, 1990, p.22.
[14] *Ibidem*, p. 158.

didas contribuem decisivamente para o progresso social. Mas não é o êxito que dá significado e valor à vida humana. A experiência de More chama a atenção para o facto de que há coisas mais importantes na vida de uma pessoa do que o sucesso profissional, político e empresarial; e de que ele não vale a pena se exigir o sacrifício da dignidade e honorabilidade, própria ou alheias.

De resto, nem todos podem ter sucesso no mercado – por definição. E ninguém pode ter sucesso sempre, se não tiver muita sorte...Na vida empresarial pode ser necessário – por imperativo de consciência – cair em desgraça, para não ser autor ou cúmplice de formas graves de fraude, abuso ou indignidade. Nesses casos, o preço a pagar pela fidelidade a si próprio (e ao que se reconhece como bom e justo) não tem comparação com o que More suportou – a sua cabeça –, mas não deixa de ser elevado: a 'prateleira' (que é a versão empresarial do ostracismo), a humilhação, a perda de estatuto, a redução de rendimentos, o escárnio dos rivais, o desemprego ou a reforma forçada... Mas isso pode acontecer também por má sorte. Como vimos, o sucesso não é garantido, não é um direito: depende do mérito relativo de terceiros e da roda da fortuna. Todavia, o fracasso e a frustração não são muito referidos na literatura do *management*. É verdade que os dirigentes empresariais são, em geral, personalidades vigorosas, que gostam do poder e do risco, focadas na superação de obstáculos e objectivos (e é bom que seja assim); e que o governo eficaz de uma empresa não se faz a lume brando, sem sonho, entusiasmo ou paixão. Mas não são super-homens. O exemplo de More – evidenciando a fragilidade e futilidade do sucesso – pode ajudar--nos a aceitar que o fracasso faz parte da nossa vida e que isso pode ser uma ocasião de desenvolvimento pessoal: suscitando fortaleza face à adversidade; despertando a consciência de que a riqueza e o estatuto não são alicerces firmes, mas areias movediças; ou reforçando o investimento diligente nos bens mais valiosos – a família, a amizade e o serviço aos outros, a sabedoria, a contemplação e a liberdade, a alegria e gratidão pelos dons de Deus.

Ethics as usual?

Por fim, ao contrário do que possa parecer, o conjunto da vida de More sugere que a ética nas organizações não se realiza geralmente em dilacerantes dilemas morais. Por um lado, o seu percurso ilustra o dever – que cabe aos dirigentes empresariais – de utilizar todos os meios legítimos para evitar ter de enfrentar alternativas trágicas (o que podem não conseguir, como no seu caso). Por outro lado, a sua vida lembra-nos que o governo é, primeiramente, um exercício de virtude 'habitual', e que a maior parte das decisões éticas são árduas (como são, tipicamente, as funções directivas, não só na fase de decisão, também na de implementação), mas não agónicas: o lugar e momento da ética nas organizações é o dia-a-dia, o *business as usual*. Aliás, o trabalho directivo, em si mesmo, é uma complexa tarefa de atribuição de valor a bens diversos e rivais. A ética não é uma atitude 'piedosa', adjacente e exterior, que se justapõe a actividades exclusivamente técnicas: é algo que está no próprio coração da actividade empresarial[15]. Ao longo da sua carreira, de modo recorrente, More usou o poder mas não serviu o poder, serviu o bem público; colocou quotidianamente os seus talentos ao serviço das pessoas, sobretudo dos mais débeis; regulou normalmente as controvérsias sociais com sentido de justiça; não se deixou prender por honras e riquezas; foi diligente e responsável, aproveitou o tempo, fez render os seus talentos; e cultivou uma humildade serena e afável a par de uma grande firmeza, e até dureza, quando a ocasião o requeria. Foi essa virtude habitual que o habilitou, no momento da prova, a portar-se com impressionante coragem, calma interior e auto-domínio.

Entretanto, Thomas More também tinha defeitos – por exemplo, a tendência para loquacidade, o sarcasmo, o orgulho... – que reconheceu e contra os quais lutou[16]. Aliás, não era um moralista, inclinado a debitar sentenças, sermões ou exortações morais. Possuía um sentido nobre da vida e distinguiu-se pelo seu sentido de Estado; mas desenvolveu também o sentido comum e não dispensou o sentido de humor. Não era um 'tocador de realejo' – como o Septembrini de Thomas Mann. A sua atitude – representada por Bolt nos diálogos de Sir Thomas com Henrique, Wolsey, Norfolk ou Roper – consistia, sobretudo, em questionar as razões dos seus interlocutores, com uma mistura de subtileza, fino humor e dramatismo: provocar a sua inteligência, imaginação e sentido moral; fazer pensar; despertar a sua consciência; interrogar os seus medos e esperanças; inspirar a luta interior[17]. Numa organização há certamente momentos para produzir declarações de princípios e códigos deontológicos. Mas, em geral, o dirigente lidera e transmite os seus valores, em primeiro lugar, através do exemplo;

---

[15] Cf. Armando Fumagali, "La aportación de la literatura a la valoración de la realidad social y a la eficacia de la acción empresarial", *Revista Empresa y Humanismo*, I, 2/99, pp. 224-225.

[16] Cf. Gerard Wegemer, *op. cit.*, pp. 2-3.

[17] Cf. Joseph L. Badaracco, *ibidem*.

depois, habitualmente, pela comunicação e despacho regular com os seus colaboradores, em conversas mais ou menos informais.

Contudo, a mensagem final do caso Thomas More é mesmo que, como dizia salvo erro o Cardeal Marty, "se a cautela está em todo o lado, a coragem não está em lado nenhum".

Filipe II de Espanha
Despachar e decidir no vértice da organização
Luis Manuel Calleja

*"É costume admitir que há três leis na História:
a primeira que «A História não serve para nada,
mas quem não sabe História, não sabe nada»;*
*a segunda que «A História é muito lenta»,
nela acontecem muito poucas coisas importantes e portanto desenvolvem a sua eficácia com
extrema lentidão; e a terceira que «É possível
intervir no desenvolvimento da História se se
decidir fazer isso, conhecendo a sua marcha e
tendo em conta o curso lento...»"*

Gonzalo Redondo

Não é fácil ajuizar com acerto sobre o modo de governo dos grandes personagens públicos, menos ainda os que são figuras históricas e ainda menos aqueles sobre os quais pesam profundos preconceitos históricos, geopolíticos e religiosos, como é o caso de Filipe II e da sua Lenda Negra. A imensa documentação sobre o despacho do rei é muito superior à de qualquer outro homem de Estado da sua época e mesmo de séculos mais recentes

– com excepção da Santa Sé – pelo que tendemos, sem que nos apercebamos disso, a fazer comparações com os modos de proceder actuais, e não com os dos seus contemporâneos. Mas tendo em conta o seu *modus operandi*, podemos admitir que os seus êxitos teriam sido maiores se tivesse trabalhado de outra maneira.

Depois de Filipe II, mencionaremos de forma referencial e episódica as acções de outros dirigentes[1], para sublinhar algum determinado aspecto de governo. Os paralelismos e contrastes entre eles pretendem esclarecer a idoneidade e adaptabilidade de certas práticas de interesse para o trabalho da alta direcção de instituições de diversa natureza.

Os escritos dos dirigentes só nos servem na medida em que descrevem aquilo que fizeram e por que o fizeram. Não nos servem listas de critérios e princípios gerais de cariz ideal-teórico. A argumentação que vamos usar é a analógica, que se utiliza nas ciências prudenciais, tendo uma maior força ao comparar situações do que modelos entre si. Os nossos personagens históricos têm muito a ensinar hoje, mesmo que seja apenas pela sua experiência única em globalização e complexidade. Do leitor esperamos somente que empregue o *mutatis mutandis* às suas circunstâncias específicas, que com certeza são suficientemente diferenciadas.

Assuntos, colaboradores e competências

Sem descer a pormenores, o reino de Filipe II foi o mais complexo até se chegar ao Império Britânico de finais do século XIX. Os assuntos do dia a dia referiam-se ao Catolicismo e ao Protestantismo, à Inquisição, ao governo de Aragão e de Castela, às relações com a Flandres, a França ou a Inglaterra, à presença no Mediterrâneo, na América ou nas Filipinas, à política interna e à cultura, e até à sua vida doméstica e familiar...[2]

---

[1] Faremos referência de modo particular a Karol Wojtyla, governante de uma vasta e complexa instituição. O 'negócio' desta instituição é de natureza muito diversa da de qualquer outra, e os seus modos de proceder são muito condicionados por ele. O poder do Papa não surge de assembleias, acordos, erudição ou força organizativa, mas tem um fundamento religioso. Assim, somente certas facetas das áreas de governo da Igreja podem servir de experiência.

[2] Cf. Juan Antonio Escudero, *Felipe II. El Rey en su despacho*, ED. Complutense, p. 449. Filipe iniciou a união dinástica com Portugal durante 18 anos (no total, ela durou 60 anos) e foi Rei de Inglaterra de 1554 a 1558 pelo seu casamento com Maria I, Tudor.

FILIPE II DE ESPANHA. DESPACHAR E DECIDIR NO VÉRTICE DA ORGANIZAÇÃO

Dando por assente essa absoluta dedicação aos temas de governo, dois aspectos se revelam especialmente interessantes e polémicos. O primeiro é que essa dedicação é projectada aparentemente com paralela intensidade para 'tudo': para o importante e para o acessório, para o essencial e para o secundário, para o urgente e para o que não necessita de atenção imediata. Para os apologistas, isso foi prova da sua admirável capacidade de homem de Estado, conhecedor do grande e do pequeno, do principal e do detalhe, do maiúsculo e do minúsculo. Para os detractores, pelo contrário, teria sido mostra de um duplo vício: de um juízo incorrecto sobre a hierarquia e graduação dos problemas, consubstancial ao bom governo, e de uma biológica, e em última análise nefasta, incapacidade de delegar.[3]

Numa carta para o seu secretário, elencam-se os seguintes assuntos, a serem despachados verbalmente pelo rei[4]:

a) "Do andamento das obras de El Pardo
b) Do que lhe foi pedido por um canalizador de Aranjuez
c) Dos problemas tidos com um certo caçador
d) Da existência de lobos em Aranjuez que causam muitos prejuízos
e) De que seja avisado se for preciso abastecimento de lenha
f) Que a bola do relógio já está acabada e coberta de chumbo"

Entre as anotações tomadas do que disse verbalmente o rei, relativamente aos assuntos acima indicados, contam-se as seguintes:

a) " Que o assunto dos caçadores será examinado na devida altura quando Sua Majestade chegar
b) O assunto dos lobos será resolvido
c) Que poderá ser necessário algum fornecimento de lenha, pois os canalizadores gastaram-na"

"Quanto à minudência com que o rei trata os assuntos menores, há muitos anos que pensamos ser de lastimar, porque perder o tempo para não o ocupar, é aquilo a que os homens

---

[3] *Felipe II, op. cit.*, p. 551.
[4] *Felipe II, op. cit.*, p. 460. Carta a Mateo Vázquez, 14 de fevereiro de 1586.

chamam passatempo, mas ocupá-lo para o perder é algo que não é possível adjectivar como merece".[5]

Por outro lado, no assunto da Armada Invencível, a intervenção real foi directa e pormenorizada, sem nomear responsáveis directos tecnicamente competentes, embora fossem de comprovada confiança. Assim, o correcto abastecimento em Lisboa merecia um maior nível de pormenor, algo impossível de fazer a partir do Escorial; por exemplo, foi utilizada pólvora de baixa qualidade – menor alcance em igualdade de calibre – o que lhes trouxe grandes problemas durante os recontros nas águas britânicas. Analogamente, o conceito da operação mais se parecia com uma conjunção de forças terrestres do que navais. O rei espanhol não aproveitou a experiência única dos marinheiros espanhóis ou portugueses.

Todo o peso do governo, tão difícil, da Monarquia nos assuntos de maior importância repousava em três pessoas apenas: o rei, Juan Idiaquez e Cristóvão de Moura. (Noutras épocas, foram outros de perfil semelhante: Eraso, Vázquez, Gasol, etc.). Estes dois ministros são de origem modesta, pois Sua Majestade não se serve dos grandes, que lhe inspiram desconfiança e cuja autoridade não quer aumentar. São de inteligência mediana e, por isso mesmo, mais adequados para escolher o melhor meio de entre os diversos que se lhes são propostos, do que imaginar um novo...Ambos estão de acordo em nunca propor ao rei qualquer novidade que possa trazer consequências, a menos que se vejam obrigados a isso por uma grande necessidade. Ambos conspiram para atrasar a solução dos assuntos e adiar até onde puderem as resoluções importantes.[6]

Por outro lado, os colaboradores estavam ocupados com uma grande diversidade de negócios oficiais e pessoais, parecendo que a noção do tempo do monarca era simultaneamente total mas elástica:

"Senhor...como cada um tem muitos problemas, e como não conseguem chegar a horas [à Junta], acontece que um dia não se despacha com um, outro dia com outro, e assim se vai

---

[5] Cf. British Library, Egerton, 1439, fólio 110. Carta do Conde de Portalegre ao secretário Esteban de Ibarra.

[6] *Felipe II, op. cit.*, p. 364.

FILIPE II DE ESPANHA. DESPACHAR E DECIDIR NO VÉRTICE DA ORGANIZAÇÃO

> despachando tão pouco como Vossa Majestade pode observar, pelo que se vão acumulando muitas consultas atrasadas.

> ...que haja ordens para que ninguém falte à hora marcada, e que para quem chegar tarde se contem as duas horas a partir do início do despacho, e que para isso tenham relógio..."[7]

Se a isto se acrescentarem os procedimentos, consultas, pareceres e cautelas que o rei adoptava, compreende-se a queixa amarga que se segue:

> "...como sair do labirinto de Creta?: a pessoa que tratava do assunto dava o seu memorando a Juan Ruiz; Juan Ruiz a Sua Majestade ou o Rei a Juan Ruiz; Juan Ruiz a Gasol; Gasol a Villela; Villela para obter a relação: Villela a Gasol; Gasol à Junta; a Junta a Gasol; Gasol a Juan Ruiz; Juan Ruiz a Sua Majestade; Sua Majestade a Cristóvão de Moura; Cristóvão de Moura a Juan Ruiz; Juan Ruiz a Gasol; Gasol a outro! Se só para o referir demora tanto, quanto mais passar por isto!"[8]

À *la recherhe du papier perdu*: a confusão e profusão de papéis foram por vezes causa de sérios atrasos, por não se encontrarem os documentos: Gasol recorda ao rei que "a consulta do ofício da guarda da casa da moeda de Sevilha há já cerca de três anos que a enviei a Vossa Majestade. E o assunto não está resolvido..."[9]. No gabinete do rei existe uma certa indeterminação hierárquica. Como sempre se manda em nome do monarca, qualquer um que despache com ele pode receber encargos ou ordens para transmitir a outros...Este difuso jogo duplo dos secretários que emitem ordens entre eles, consoante a oportunidade, é perceptível na carta seguinte[10]:

> "Quando Vossa Mercê me mandou em Cervera que preparasse um documento sobre algumas consultas para as relatar a Sua Majestade, foi porque Vossa Mercê estava com pouca

---

[7] *Felipe II, op. cit.*, p. 365. Relatório do secretário Gasol ao monarca.
[8] British Library, Egerton, 329, fólio 21.
[9] *Felipe II, op. cit.*, p. 572.
[10] Carta datada de 6 de julho de 1585, de Antonio de Eraso a Vázquez.

saúde, e por isto e por o fazer sempre, lhe obedeci; mas uma vez que Sua Majestade não teve oportunidade de as ver e que o seu conteúdo justifica que Vossa Mercê lhe faça relação delas...volto agora a enviá-las a Vossa Mercê para que as possa despachar".

Despacho verbal ou por escrito

"Tendo avisado Vossa Majestade do seu evidente desgosto por trabalhar permanentemente agarrado aos papéis, e parecendo que Vossa Majestade lhe tira importância uma vez que ao ser Rei pode permitir-se fugir das pessoas, para além de não querer confiar em ninguém. "[11]

"...e as ruas e hospedarias e pousadas, de homens tristes, desconsolados e desesperados, e de muitos e muitas que, detidos na Corte, perdem a fazenda e com ela também a honra e as almas; que se fossem ouvidos por Vossa Majestade, poderiam ser despachados com uma só palavra".[12]

Apesar das vantagens ocasionais do despacho verbal, o despacho por escrito triunfou plenamente. E não só para comunicar resoluções ou acordos importantes a organismos ou autoridades nos territórios afastados do imenso império; também para qualquer observação banal entre aquelas pessoas que viviam em escassos metros quadrados....O despacho por escrito era garantia de clareza, ordem, segurança e bom governo. Em qualquer caso, a base da prudência e também da indecisão era o facto de o rei requerer que muitos opinassem sobre a mesma coisa, ou o de que o desenho da maquinaria política conduzisse a isso, o que seria louvável e compreensível se o assunto fosse grave e importante, mas penoso se o assunto fosse banal.[13]

A expressão 'fazer relação' que aparece frequentemente nos despachos por escrito do secretário, costuma ser uma referência a duas coisas. Por um lado, significa informar ou dar notícia de algo, o que pode fazer-se tanto por palavra, como através de um bilhete. ('Tomar relação' – por seu turno

---

[11] *Felipe II, op. cit.*, p. 455. Carta de Mateo Vázquez ao Rei.
[12] British Library, Egerton, 330, fólios 8-11.
[13] *Felipe II, op. cit.*, p. 585.

FILIPE II DE ESPANHA. DESPACHAR E DECIDIR NO VÉRTICE DA ORGANIZAÇÃO

– é tomar conhecimento de algo ou informar-se.) Por outro lado, o mais interessante, significa fazer um extracto ou resumo dos assuntos e documentos para que o rei possa conhecer melhor o seu conteúdo e despachá-los com maior celeridade[14].

> Do secretário Delgado ao Duque de Alba: "A Sua Majestade 'fiz relação' do que continham as cartas de Vossa Excelência."

> Do rei a García de Toledo: "Eraso 'fez-me uma relação' do essencial do que a ele lhe escrevestes."

Muito mais importante do que 'fazer relação' no sentido de 'relatar' ou informar, era-o no sentido de preparar um resumo do assunto adequado em questão. Deste modo, uma consulta ou qualquer carta podia ser conhecida ou lida na sua plenitude, ou então em forma de 'relação', ou seja, extraída.

> Instrução ao Conselho de Itália de 20 de Outubro de 1579: "Que se leiam pelo Secretário todos os memorandos por inteiro e não por simples resumo".

Na terminologia do rei, o 'fazer relação' referia-se igualmente a 'assinalar' ou indicar o documento.

> O rei ordena a Mateo Vázquez a 6 de Fevereiro de 1578: "... informai-me sobre o sucedido, ou enviai-me [o documento] 'assinalado', para que eu o possa examinar com maior facilidade".

Por sua vez, as consultas enviadas a Filipe II consideram-se 'assinaladas' quando foram vistas e anotadas pelo monarca.

> Certo bilhete de Gasol para o rei, onde lhe diz: "Aqui vão umas consultas de Ybarra, e mais duas para assinalar", Filipe II anota à margem: "Assinalei isto".

---

[14] *Felipe II, op. cit.*, p. 465.

Indiquemos, por outro lado, que para proteger e ordenar os documentos os secretários privados de Filipe II costumavam fazer umas capas, com texto encabeçado por uma cruz e o resumo do que escreviam ou recebiam, sem deixar de mencionar o seu próprio nome, por inteiro ou em abreviatura.

As idas e vindas dos assuntos e as diversas consultas obrigatórias e facultativas tornavam muito difícil manter a discrição e muito fácil o trabalho de espionagem.

> "De pouco servirão para o Secretário do Príncipe as virtudes referidas, pátria, pais, fidelidade, indústria, memória, ciência, costumes, engenho, se carece do ouro em que se engastam todas, que é o segredo de que depende o governo público e bem universal do Reino: porque em todos os negócios de paz e de guerra é o segredo a alma deles, é o que facilita a execução dos desígnios que, conhecidos, teriam grandes dificuldades..."

Aliás, essa exigência de segredo, juntamente com a honestidade administrativa (não subtrair dinheiro, não aceitar presentes, etc.), constituiu na vida administrativa do século XVI um poderoso mecanismo de sigilo e segurança: a ameaça de 'visitas e investigações' que não fazia acepção de pessoas, afectando igualmente secretários humildes ou poderosos.

Trabalho rápido mas administração lenta

Flutua no despacho e nas suas gentes uma surpreendente sensação de pressa: *la priessa*, como diziam eles... Quando chegam os papéis de baixo para cima, os secretários examinam-nos e despacham-nos com celeridade e diligência; e quando foi o rei que decidiu, ele mesmo exige que a sua decisão seja tramitada e formalizada sem demora. Desta forma, tornou-se compatível uma administração globalmente lenta (desde que o interessado coloca o assunto até lhe chegar a resolução), com secretários e burocratas que pareciam viver afectados por um surpreendente *stress*. Existia certamente a lentidão dos correios e das informações imposta pelas grandes distâncias, pela precariedade dos meios de transporte e pelas condições geopolíticas. Nesse contexto, contudo, a dinâmica do Império espanhol

FILIPE II DE ESPANHA. DESPACHAR E DECIDIR NO VÉRTICE DA ORGANIZAÇÃO

respondeu com uma eficiência quase exemplar[15]: "este império igualou, e ultrapassou mesmo os melhores." (Braudel)

No entanto, no âmbito próprio do despacho de Filipe II e dos seus ministros, existiu realmente a muito especial lentidão que aquele peculiar estilo de governo impôs. É preciso dizer que Felipe II foi uma personalidade de temperamento fleumático e vagaroso, mas apenas relativamente ao processo de tomada de decisões. Por dois motivos: em primeiro lugar, devido à existência de uma complexa máquina através da qual circulavam os papéis; em segundo lugar, e sobretudo, devido ao facto de, em última análise, esses papéis, os grandes e os pequenos, os importantes e os menores, terem de ser revistos um a um pelo rei[16].

Quanto ao primeiro ponto, a complicada estrutura de Conselhos, Juntas especiais e *Juntas de Noche* ou Junta Geral de Governo, etc. com competências cruzadas de ordem material e territorial, com pessoas, em última análise, zelosas das suas competências, que queriam ver tudo e não delegar nada, impôs aos assuntos um ritmo demorado. E quanto ao segundo, o rei certamente não costumava confiar na opinião de um só órgão ou de uma só pessoa, submetendo o assunto a outra instância, acabando tudo, ao fim e ao cabo, por regressar a ele próprio, convencido de que uma suprema obrigação de Estado lhe exige estar a par de todas as coisas e o impede de delegar esse juízo. Contudo, o monarca não devolve tranquilamente o conjunto do despacho uma vez examinado, mas adianta com maior presteza os papéis mais urgentes[17]. Os secretários, por seu turno, respondem e despacham com rapidez aquilo que estiver pendente ou já resolvido. As respostas a Antonio Pérez costumam demorar três dias, por exemplo.

[15] A correspondência dos arredores ou de sítios próximos da Corte chegava em algumas horas; de localidades a cerca de cem quilómetros, dois dias; de Sevilha ou Lisboa, uns quatro dias; de Milão, Nápoles ou Génova, entre dez e vinte e cinco dias; do México, dois meses; das Filipinas, um ano. O correio mais rápido mas irregular era o marítimo.

[16] *Felipe II, op. cit.*, p. 499.

[17] Uma vez decidido, o critério de urgência relacionava-se com a logística dos correios prontos a partir, tanto como a própria de cada assunto, a pressão dos secretários ou a impaciência das partes interessadas.

Sobre a necessidade de estar por dentro dos assuntos

Com efeito, um governante tem de saber o que acontece. Seja o que for, tem de estar atento, com um desvelo e uma vigilância constantes, embora com serenidade, sem ansiedades e sem manias persecutórias. Estar por dentro dos assuntos é uma tarefa habitual, porque a informação é a chave do poder[18]. Não se pode governar sem saber o que se passa, como não se pode andar sem saber onde se põem os pés. Luís XIV tinha pessoas que lhe contavam o que se dizia nas tabernas[19]. Filipe II dizia "é preciso observar tudo", no que respeitava aos papéis.

'O olho do dono engorda o gado'. Descobrir a proporção adequada de horas de despacho e de 'incursões' presenciais é importante em termos de eficácia. Cada hora de visita alimenta entre cinco a oito horas de trabalho de despacho, no mínimo. Aquele que governa deve estar presente, e não apenas através de delegados ou representantes enviados. Com uma presença que não seja incómoda, uma vigilância que não se torne odiosa. O que não se observa corrompe-se. É uma lei claríssima. E isto sucede por maioria de razão onde pode haver vantagens particulares. Sempre que há dinheiro ou se gerem bens ou prebendas, tem de ficar claro que as coisas são objecto de análise. Caso contrário, até o mais honrado deixará de sê-lo. A culpa destas corrupções é sempre de quem manda, por descuido. É preciso pedir contas com frequência e fazer as oportunas revisões ou auditorias, 'arejar' o cargo e fazer rodar aqueles que se encontram em postos delicados. "A qualquer *Glassnost*, segue-se uma *Perestroika*", reza o chamado Princípio de Gorbachov.

Isto não visa somente as pessoas com maior poder directo. De facto, existe um círculo que se pode concretizar nos grupos de pressão e *lobbies*, que têm influência real, mas escassa responsabilidade e visibilidade. Basta ter acesso ao poderoso, para ter uma quota-parte importante do seu poder. O poder envolve uma antessala, antecâmara, escada de serviço, arrecadação, sótão ou o que for. Aí se reúnem os poderes indirectos numa tertúlia bastante misturada e heterogénea. Esta luta no ambiente

[18] Juan Luis Lorda,. "Humanismo II. Tareas del espíritu", *El Arte de Gobernar*, Ed. Rialp, 2010.
[19] Duque de Saint Simon, *Luís XIV. Memorias*, Ed. Fondo de Cultura Económica.

FILIPE II DE ESPANHA. DESPACHAR E DECIDIR NO VÉRTICE DA ORGANIZAÇÃO

nebuloso das influências indirectas é tão inevitável como essencial a todo o poder humano[20].

Em 1890, o já idoso Chanceler Bismarck deparou com o inexperiente e jovem rei, o Kaiser Guilherme II. Havia entre eles muitos contrastes objectivos e diferenças de opinião. Mas a razão nuclear da demissão do Chanceler era algo puramente formal: a disputa pela questão de como o Chanceler se podia informar e de como o rei e Kaiser se devia informar. Bismarck exigia plena liberdade para entrevistar quem quisesse ou para receber essa pessoa como hóspede em sua casa. Ao contrário, ao Kaiser era negado o direito de escutar o relatório de um ministro se Bismarck – o presidente do Conselho de Ministros – não estivesse presente. O problema do relatório imediato ao rei converteu-se no ponto crucial da demissão de Bismarck.

Aquele que governa deve preparar os canais de informação e exigir ser informado periodicamente do andamento dos assuntos ordinários e imediatamente dos extraordinários. E deve conhecer quem informa, para que não sejam sempre os mesmos e do mesmo ponto de vista. Caso contrário, no final, governa aquele que lhe prepara a informação, porque a selecciona. De vez em quando, é preciso arejar também os canais de informação e procurar alternativas, para contrastar. Às vezes, basta ler os jornais tal como são vendidos nos quiosques, sem que haja a mediação de qualquer resumo de imprensa, como fazia Aznar, o presidente do governo espanhol. Ler algum dos relatórios completos, não apenas os *abstracts*, ajuda ao bom governo das coisas – com a profundidade precisa – e a ponderar os informadores[21].

Fala-se hoje da chamada *videopolítica*, essa maneira de actuar de alguns políticos que perante as câmaras adoptam determinadas posições e dizem coisas muito diferentes noutros *fora*. Quando esta 'representação de um papel' é transferida para os meios de comunicação, cumpre-se a ficção: a informação torna-se emaranhada e insegura. Plutarco fez esse diagnóstico há dois mil anos e o politólogo francês Gerard Mermet[22] esmiúça-

---

[20] Carl Schmitt, *Diálogo sobre el poder y el acceso al poderoso*. Instituto de Estudios Políticos. 1962.

[21] Ver caso do Professor José Luis Lucas *"Nicolás Gálvez: El regreso de un expatriado"*, DGI-148, I.I.S. Telmo. Na sede de Londres, os chefes liam os planos estratégicos completos, não os *abstracts*.

[22] Cf. Gerard Mermet, *Dèmocrature*, Aubier, 1987.

-o na sua repercussão mediática. De clássico extraímos a advertência ao 'político-actor'[23]:

> "Quanto aos que se preparam para a luta política e para a glória como atores de uma representação teatral, é forçoso que se arrependam pois, ou se tornam escravos daqueles que pretendem dirigir, ou chocam com aqueles a quem desejam agradar". (Conselhos Políticos, Moralia X)

Hoje, a dimensão e dispersão geográfica do eleitorado, os *mass media* e a especialização profissional fazem com que haja uma abundância de líderes mediáticos (políticos carismáticos) embrulhados por um corpo de assessores técnicos. Antigamente, não havia esse problema da dualidade politização/tecnocracia: o aparato técnico era mais simples do que o actual.

O rei espanhol não poderia ser classificado de 'político-actor'. Mas Karol Vojtyla utilizou como meio de transmissão toda a sua capacidade dramática, endereçando a atenção e o eventual aplauso para o Alto, pois não era em vão que tinha a consciência de ser um 'construtor de pontes' – Pontífice – e "Servo dos servos de Deus", e não um jogral. Como afirmava o ex-presidente norte-americano James Carter[24]: "Só fazendo saber ao povo aquilo que já fizeste, podes continuar a ter o apoio político necessário para enfrentar os objectivos presentes e futuros. Tem de haver uma combinação entre iniciativa e publicidade" (no sentido de transparência).

Do politólogo francês já referido recolhemos as condições dos meios de comunicação como fonte de informação:

> "1) Os assuntos tratados nos meios de comunicação como alimento da opinião pública não são escolhidos em função da sua importância real, mas pelo interesse que suscitam no público. 2) As questões fáceis ou simples são preferidas às complexas e difíceis. 3) Os meios de comunicação não costumam apresentar os acontecimentos tal como são, mas colocam-nos em cena de acordo com a sua espectacularidade. 4) Os meios de comunicação mobilizam-se rapida-

---

[23] Ricardo Rovira, *El buen Gobernante en la Antigüedad Clásica*. Tese de doutoramento. Pamplona, 2010.

[24] Cf. Jimmy Carter, "El hombre de estado como directivo de empresa". *HBR*, nº 36, 1988.

FILIPE II DE ESPANHA. DESPACHAR E DECIDIR NO VÉRTICE DA ORGANIZAÇÃO

mente sobre um acontecimento e colocam-no muito acima da sua importância autêntica. 5) Os meios de comunicação desmobilizam-se rapidamente e não acompanham os assuntos até à clarificação final. 6) A influência de cada meio de comunicação não depende do número dos seus clientes. Influi indirectamente ao ser copiado pelos meios de comunicação maiores. 7) Os profissionais dos meios de comunicação não são encarados como representantes das empresas onde trabalham. 8) Os meios de comunicação privilegiam o que é raro, anormal, negativo ou surpreendente, em detrimento do que é comum, normal e reconfortante. A imagem do mundo aparece distorcida. 9) Para analisar os factos, os meios de comunicação utilizam um número restrito de especialistas. O parecer da maioria dos especialistas permanece inédito. 10) Os meios de comunicação não transmitem, em resumo, a realidade tal como ela é, modificam-na e deformam-na".[25]

O dirigente que se fiasse nos meios de comunicação, ou os utilizasse como indicador principal, correria o risco de perder de vista a realidade, prisioneiro de uma visão particular tendenciosa e nada aleatória. Em diferentes sentidos, seria esclarecedor da condução dos seus assuntos, a análise de casos como os do General Franco ("Faça como eu: não leia os jornais") ou do presidente do governo Zapatero, em Espanha ou, no campo empresarial, de Mario Conde no Banesto, ou de Andrew Fastow CFO da Enron[26].

Quem manda deve vir a saber como são as coisas, como são as pessoas e o que aconteceu. E, muitas vezes, tem que guardar memória: tomar nota e arquivar. Saber é frequentemente saber o que se passou. Quase sempre é necessário tomar nota dos acontecimentos graves, das decisões e dos acordos mais importantes, das conversas relevantes, e arquivar. O registo de documentação no despacho e dos despachos torna-se em bastante mais do que um simples prurido histórico. Carter afirmava que "Um dirigente deve conhecer a história, tanto dentro de uma empresa, como num país.

---

[25] Gerard Mermet, *Dèmocrature*, Aubier, 1987.

[26] Fastow pressionou os seus chefes para que o nomeassem director financeiro da Enron, embora os seus conhecimentos contabilísticos e financeiros fossem muito rudimentares. Pouco depois de o conseguir, pediu ao departamento de relações públicas da sua empresa que fizesse todos os esforços para conseguir que uma revista profissional o designasse como o CFO do ano. (De J. Palacios, *Directivos Psicópatas*, 2005).

Com frequência, o conhecimento do que funcionou bem antes oferece um bom modelo sobre como abordar os desafios e oportunidades de cada dia".

Filipe II herdou e aperfeiçoou uma máquina burocrática que veio a servir para a boa ordem do seu reinado e seguintes. João Paulo II teve de transformar a sua, para estar à altura dos tempos. Quem governa deve saber acumular a informação, esperando poder contrastá-la. Pela mesma razão nunca se devem aceitar denúncias interessadas.

O despacho, ocasião de diálogo e pacto

A palavra é o grande instrumento do espírito e o meio fundamental de comunicação: é justo apreciar a sua magia nas relações humanas. Falando com franqueza é possível conseguir quase tudo; falando de má vontade pode-se estragar quase tudo[27].

O diálogo é necessário para muitas coisas, mas especialmente para alcançar acordos e resolver conflitos. Os acordos servem para fixar uma colaboração ou um intercâmbio de serviços. Os pactos: a experiência parece indicar que quase todos os conflitos que se resolvem beneficiam de contactos entre as partes antagónicas. Os problemas humanos nascem normalmente devido a conflitos de interesses, mas enredam-se por factores emocionais, receios, mal-entendidos e rancores. Por vezes, nem são reais: são suposições, velhas feridas ou suspeitas.

Interessa-nos tanto o despacho pessoal ou colectivo com os colaboradores internos, mais do que com parceiros externos. Neste âmbito importa deixar claro que procuramos honestamente a melhor solução, sem tentar enganar nem provocar desequilíbrios. A franqueza desarma preconceitos; a disposição habitual bem-intencionada facilita o acordo; o face a face anula rancores ou a sua realimentação; pedir desculpa, rectificar[28] e corrigir equilibra as coisas. É importante escutar, ouvir bem, prestando atenção; a amabilidade, a educação, a afabilidade, a civilidade, não perder a cabeça, não 'esmagar', não *supravincere...*

No despacho, tanto para o que governa como para o colaborador é preciso desenvolver o dom de oportunidade. Para isso, tem de se conhecer

---

[27] Lorda, *op. cit.*

[28] Com os considerandos que se quiser, a tendência há de ser para rectificar se se errou. O critério de 'manter e não alterar' apenas é utilizado oficial e sistematicamente na promoção dos árbitros de futebol da Segunda para a Primeira Divisão da Liga espanhola.

FILIPE II DE ESPANHA. DESPACHAR E DECIDIR NO VÉRTICE DA ORGANIZAÇÃO

'o momento' de cada coisa, relacionado com o domínio de si, tem de se aguçar a faculdade de previsão, treinar a paciência e habituar-se a sair de si próprio: compreender como outras pessoas vêem o mesmo momento. Aquele dom de oportunidade de Jean Monnet para "aparecer no momento justo em que aquele político com poder tinha ficado paralisado e sem ideias... propor-lhe arrancar com o projecto e devolvê-lo de novo para que ele o prossiga"[29].

Para o colaborador, actuar correctamente com a pessoa que dirige é algo mais do que uma questão de respeito ou de ficar bem. Precisa de acatar a autoridade do superior, mas também de dar a sua opinião antes que a decisão seja tomada. Ver como, quando e o quê comunicar ao superior. Decidir que assuntos tem de consultar e quais não o deve fazer. Ter em conta que o chefe é um ser humano. Ser circunspecto: que quem dirija assuma a iniciativa; não chamar a atenção para assuntos pessoais. Informá-lo com regularidade sem dar mais informações do que as necessárias. Sem procurar agradar a quem governa... (iria em detrimento dos outros colegas) e desempenhando conscienciosamente as suas obrigações.

Na monarquia espanhola, até à generalização da figura do Valido e dos ministros, o despacho com o rei diferenciava só informalmente os diversos usos do despacho, pelo que o processo de compreender a situação, tomar decisões, fazer com que as coisas acontecessem e operar modificações era difuso[30]. Só separavam com clareza as sessões para fazer 'relação' e os incipientes 'comités de crise' e 'Junta de Noite'. Na Santa Sé, as diferenças entre o corriqueiro e o urgente dependem substantivamente do estilo e proactividade do Pontífice, com tendência para o sossego próprio do palácio multissecular.

Na compreensão da situação é decisivo partilhar a mesma informação, permitir questionar os pressupostos e procurar que não haja encastelamentos. Sobretudo, quem governar tem de fazer uso de um *coup d'oeil* muito desenvolvido. Durante a tomada de decisões, quem preside tem de conseguir esclarecer as prioridades, concretizar o que não deve fazer e evitar os acordos demasiado políticos contrários aos acordos possíveis de índole técnica[31].

---

[29] *En los orígenes de la Unión Europea. Robert Schumann y Jean Monnet.* Ediciones Encuentro, 2003.
[30] D.N. Sull, *Closing the Gap Between Strategy and Execution.* London Business School, 2008.
[31] Agustín Avilés, *Reflexiones de Política de Empresa para Sociedades de Profesionales.* Sevilha, 2004.

A progressiva complexidade da máquina do Estado foi acrescentando maior espaço aos usos do despacho para fazer executar e ajustar os planos de medidas adoptados na presença do rei. Não obstante, era realizado de modo muito mais deliberativo do que nos despachos de outros monarcas contemporâneos e, inclusivamente, de dois séculos posteriores. Foi-se vendo que a execução tinha a sua própria lógica, diferente das fases anteriores do processo de governo. O reinado de João Paulo II durou metade do de Filipe II, mas o tempo e os ciclos dos assuntos eclesiásticos fizeram com que a supervisão da execução tivesse muito maior importância e merecessem a sua atenção pessoal.

No processo de governo, as eventuais modificações de planos fazem salientar a experiência do governante, mesmo que isso tenha a ver apenas com conhecer as variações ou oscilações da situação que se enquadram dentro da normalidade – a variância, em sentido estatístico. Essa capacidade para não se deixar abater perante qualquer mudança, fez ganhar a Filipe II grande parte da sua fama de homem prudente por antonomásia, embora pecasse de um certo fatalismo. A questão, no entanto, não tem a ver com fleuma, mas com critério: saber por que tipo de coisas se deve zangar. O monarca teve em vida fama de 'trabalhador incansável', grave e sério. Apenas alguma ironia, o seu hábito de mudar de sítio para descansar, recomendações sobre o exercício físico – regular, sem compulsões –, e a atenção às suas filhas o humanizam um pouco. Mas não teve a virtude que nos coloca na justa medida entre o espírito de relaxamento lúdico e o excesso de seriedade: a *eutrapelia*[32]. Própria do espírito aristocrático, a *eutrapelia* é uma nota típica do equilíbrio e maturidade, produto da consciência dos limites das pessoas, organizações, assuntos e coisas. Karol Wojtyla tinha-a em doses suficientes para poder injectar optimismo e esperança em momentos gravíssimos da história mundial, tanto como no dia-a-dia do governo. Para compreender melhor como a Idade Média valorizou a *eutrapelia*, basta referir as pormenorizadas recomendações que eram dadas aos reis – de modo a vencerem a tristeza – nas "*Siete Partidas*" II, V, XX de Afonso X o Sábio. Como diz Aristóteles, "Ninguém pode aguentar um só dia de contacto com uma

---

[32] Hugo Rahner, *Eutrapelie, eine vergessene Tugend*, Geist und Leben, 1954: "...capaz de perceber em todas as coisas criadas os seus limites e insuficiências e, por isso, pode justamente rir-se de tudo, porque sabe da santa seriedade do divino. Aquele que não compreende isto, pertence ao grupo para os quais Tomás de Aquino cunhou a refinada expressão de *non molliuntur delectatione ludi* (não suavizam com o prazer do jogo)".

FILIPE II DE ESPANHA. DESPACHAR E DECIDIR NO VÉRTICE DA ORGANIZAÇÃO

pessoa triste ou desagradável". A afabilidade é manifestação dessa virtude que, além do mais, está também associada ao bom governo. O bom governante não pode ser um 'peso' que faça parte do problema.

Decisões e colaboradores

O facto de centralizar as decisões não converte Filipe II num monarca absoluto do tipo dos franceses ou espanhóis posteriores. O seu respeito pela ordem institucional concreta dos seus reinos, levava-o a consultar e a ter em conta lealmente todas as opiniões e direitos.

Se simplificássemos o processo de decisão apenas em três tarefas – recolha da informação relevante, deliberação em ordem à decisão, e levar à prática o decidido –, o rei espanhol demorava em excesso as duas primeiras, embora somente assim acontecesse pelo facto do processo deliberativo ser realizado por escrito, e decidia de modo mais cauteloso e analítico do que prudente. Não era um grande gestor no sentido actual, isto é, uma pessoa capaz de resolver e despachar no momento oportuno. Parece poder deduzir-se que se tivesse tido meios de comunicação mais rápidos, a velocidade de decisão e capacidade de acerto do rei não teriam melhorado sensivelmente. Convém ressaltar hoje este aspecto, porque (entre outros motivos) as facilidades de telecomunicação não estão a conduzir à descentralização, pelo contrário. Paulatinamente, os actuais escalões directivos longínquos não são preparados para agir com critério, com políticas, mas para fazer consultas em demasia e trabalhar a partir de instruções. A velocidade de transmissão não implica necessariamente velocidade administrativa global.

Relativamente ao leque de opções de solução, dá a impressão de que Filipe normalmente escolhia as mais convencionais, sem pecar por maximalismo. A avaliação das alternativas fazia-a com o enorme recurso das consultas aos colaboradores. O rei contribuía com o critério moral, de modo claro e prudente. Os planos de acção costumavam ser seguros e realistas, sem pressupor que as pessoas tivessem virtudes heróicas, e de acordo com os meios disponíveis. Karol Wojtyla, por seu turno, dava a impressão de ter uma carteira de opções já consultadas e ponderadas e era capaz de se arriscar em coisas mais básicas e concentrar-se nas graves. Esteve sempre à frente dos problemas e quando apareciam surpresas excepcionais, estava livre para as abordar em profundidade. Fez poucas correcções. O rei, ao contrário, debruçava-se sobre qualquer tipo de assunto e com os mesmos procedimentos de consulta e igual multiplicação de filtros, pelo que os assuntos leves sofriam os mesmos atrasos e consideração que os graves. Como mencionámos anteriormente, o prolongamento do seu reinado (1556-1598) e o facto de descer aos detalhes nos processos de decisão e gestão, dotavam-no de uma grande autoridade técnica e operativa, não apenas por ser a cabeça da coroa.

A este respeito, Henry Mintzberg sublinha que actualmente há excesso de liderança e falta de gestão nos altos dirigentes[33]; que não descem suficientemente aos pormenores de execução, pelo que perdem uma importante fonte de ideias sobre as operações, bem como sobre o negócio. Assim, sugere a conveniência de descer a certos detalhes, de esgotar a verdade e de ir ao terreno. Citando Konosuke Matsushita, fundador da Panasonic, "o meu trabalho são as coisas grandes e as pequenas. O intermédio é aquilo que se pode delegar". A chanceler alemã Angela Merkel, por exemplo, ganhou fama de adoptar um estilo político que foge das generalidades para se concentrar na observação e no estudo dos pormenores com uma posição estritamente racional perante os problemas. Ela actua como uma cientista – é doutora em física –, de modo pragmático, "independente da ideologia", segundo as suas palavras, ponderando cuidadosamente os prós e os contras, mas sem se perder, depois, nos pormenores nem vacilar na decisão. Para alcançar a visão de síntese, ascende a partir dos pormenores. Racionalidade e persistência, mais do que oportunidade e imagem... mesmo que haja na política mais dimensões do que estas duas.

A questão, portanto, é encontrar o ponto de equilíbrio adequado entre decisão/execução, liderança/gestão, excepção/normalidade, indelegável/delegável, que permita o bom governo e a abordagem dos assuntos de gestão com a inovação e imaginação suficientes para aproveitar as micro--oportunidades. Mas *de minimis non curat pretor*, isto é, o dirigente não se deve de ocupar de coisas demasiado triviais, pois nesse caso não poderia ocupar-se das importantes.

A comodidade de se rodear de pessoas boas mas medíocres, não foi um defeito exclusivo do monarca no século XVI. Em Outubro de 1940, o almirante Richardson, encarregado da frota do Pacífico em Pearl Harbor, teve uma entrevista com o presidente Roosevelt. Nessa conversa referiu as suas preocupações relativamente a um possível ataque aéreo surpresa. Era

---

[33] Henry Mintzberg, "Debunking Management Myths", *MIT*, nº 3357.

um pensamento disparatado[34]. Mas a preocupação de Richardson derivava do conhecimento real que tinha da sua frota e das suas virtudes e defeitos. Perante a cólera do almirante, que não se sente seguro em Pearl Harbor, Roosevelt tenta tranquilizá-lo, embora sem êxito.

> – "A Marinha e a aviação gozam de grande prestígio. As pessoas continuam a alistar-se em massa".
> – "Por causa do desemprego existente na vida civil. Actualmente, todos os chefes da Marinha saíram da Escola Naval de Annapolis que, para Frank Knox, oferece uma formação intelectualmente estéril e pedagogicamente retrógrada".
> – "Mas espartana e de um grande valor moral".
> – "Pode ser que sim, senhor Presidente, mas estão a formar-se homens sem imaginação, dispostos ao sacrifício".

Devido às divergências quanto à frota, o almirante Richardson foi substituído no seu cargo pelo jovem almirante Kimmel, a quem a falta de experiência e o agradecimento pelo acesso ao alto cargo, levavam a concordar com aqueles que tomavam as decisões. Filipe II conviveu com estes extremos em algumas (poucas) ocasiões. João Paulo II delegava e confiava nas capacidades das pessoas nomeadas, embora isso nem sempre funcionasse...

Os assessores de Filipe II procuraram imitar o sistema inglês de selecção e remuneração de colaboradores ao tempo da rainha Isabel I[35] – coetânea do rei espanhol –, assim como o da Santa Sé, quanto ao sistema de secretarias segundo o critério geográfico – por países –, mas não dispunham de exemplos a imitar quanto à mistura de natureza dos assuntos com o critério geográfico. Aquilo que hoje nos parece enganadoramente evidente, então não o era. Em termos gerais, pode afirmar-se que o modo de governo do reino de então era o paradigma para o de qualquer outro tipo de instituição. Esta situação voltou a ocorrer mais recentemente. Nas

---

[34] Jean-Jacques Antier, *Pearl Harbor - Drama en el Pacífico*. Salvat. Espanha, 2001.

[35] A rainha inglesa (1533-1603) tinha como instrumento para a governação um caderno com os nomes de pessoas válidas e confiáveis para os mais diversos assuntos. O Professor Lucas realça este procedimento em "El contenido de la Política de Empresa", *DGIN-36*, 2005. Outra Isabel, a Católica, guardava num cofre as notas tomadas sobre todas as pessoas que lhe pareciam capazes. (Baltasar de Castiglione, "El Cortesano").

notas do ex-presidente do governo espanhol, Calvo Sotelo[36], ele compara os conselhos de ministros com os conselhos das grandes empresas num sentido que é favorável – na sua época – aos conselhos de ministros, no seu carácter de órgão colectivo e deliberativo:

> "O Conselho de Ministros pode ser mais real e menos formal, mais colegial e menos presidencialista, mais vivo e menos protocolar do que alguns conselhos de administração e seus órgãos delegados. No Conselho de Ministros, discute-se com mais liberdade e maior profundidade, a ditadura do presidente é menos visível, a concordância dos presididos é menos dócil, a informação prévia muito mais ampla; e tudo isso apesar das matérias sobre as quais decide o Conselho de Ministros poderem ser mais delicadas e complicadas, e a pressão da opinião pública muito mais angustiosa."

O domínio do presidente sobre os ministros poderia deduzir-se também de alguns comentários jornalísticos sobre a presidência de Felipe González, referentes ao temor reverencial que tinham alguns ministros em relação ao seu próprio líder. O mesmo se poderia dizer das relações entre os presidentes da Catalunha e da Galiza com os seus conselheiros, nos tempos de Jordi Pujol e Fraga Iribarne.

Paradoxalmente, Filipe II podia inspirar temor reverencial, mas sem impedir que se falasse – ou escrevesse – com franqueza e sem 'dourar a pílula', por vezes, roçando a impertinência, como o testemunham numerosas comunicações escritas. Neste ponto, concorda com João Paulo II, mas este escolhia as pessoas com um perfil muito mais fracturante: a situação da Igreja parecia exigi-lo. Curiosamente, alguns procedimentos mais recentes nos Conselhos de Ministros têm reminiscências – *mutatis mutandis* – naqueles que o rei impôs para os diversos Conselhos.

> "Adolfo Suárez impôs nas reuniões do Conselho uma grande disciplina: a intervenção era feita com prévia solicitação ao presidente; as referências a outros ministros eram feitas

---

[36] X. Ballart e C. Ramió, *Ciencia de la Administración*. Colección Ciencia Política. Tirant lo Blanch. Valência, 2000. (Calvo Sotelo, não obstante, foi melhor governante político que empresarial).

FILIPE II DE ESPANHA. DESPACHAR E DECIDIR NO VÉRTICE DA ORGANIZAÇÃO

na terceira pessoa, citando a pasta e nunca o nome próprio. Qualquer ministro podia sair quando achasse conveniente. Se alguma intervenção enfadonha afugentasse muitos ministros, o presidente mandava chamar os que saíram através de um respeitador funcionário do protocolo".

APÊNDICE

Concluindo, pode-se dizer que a evolução do *management* e do governo é muito mais lenta do que parece. Isto é, a *praxis* de fundo é muito estável e comparável com épocas passadas, o que não acontece nas áreas de operações específicas de cada negócio – a *poiesis* – onde se avança por saltos tecnológicos. A uniformidade da cultura técnica, que atinge a todos, não basta para afectar a mentalidade. Há muitas coisas – informática, telecomunicações, processos produtivos, etc. – onde se avança progressivamente e sempre da mesma forma em todo o lado, são algo muito exterior. Mas as tarefas de governo afectam estratos mais pessoais, idiossincráticos e profundos. A constatação deste fenómeno deveria influir nas metodologias empregues para investigar as questões corporativas, mas não costumam sê-lo[37]. Os hábitos de trabalho pessoal do governante são decisivos; afectam em cascata todo o aparelho organizativo e a sua influência é prolongada. Importa salientar que a arte do bom governo se encontra ao serviço de uma finalidade extrínseca a si mesmo, sendo pois uma forma de servir que não se concilia com fechar-se sobre si mesmo. Trata-se de adquirir rotinas operativas conhecidas e estáveis que estabeleçam uma relação com as pessoas que colaboram no imediato com ele ou ela. Algumas são adquiríveis pelo mero exercício junto de pessoas que queiram ensinar, outras fazem parte da 'caixa de ferramentas' que se transmite nos programas de aperfeiçoamento das escolas de negócios. O que interessa é que o leitor tire as suas conclusões e aplique a teoria consoante as circunstâncias concretas, mas não posso silenciar o que me causa admiração. Há alguma diferença essencial entre o modo de descer aos pormenores do monarca Filipe II e do Pontífice João Paulo II. O primeiro examinava todos os papéis, enquanto

---

[37] Ram Charam, *Boards that Deliver*, Appendix B: "The Research Agenda". Jossey-Bass, 2005. Tradução e resumo do Professor Agustín Avilés.

o segundo falava com todas as pessoas. Ambos escutavam os comentários dos seus colaboradores, mas Wojtyla escolhia-os melhor e confiava mais.